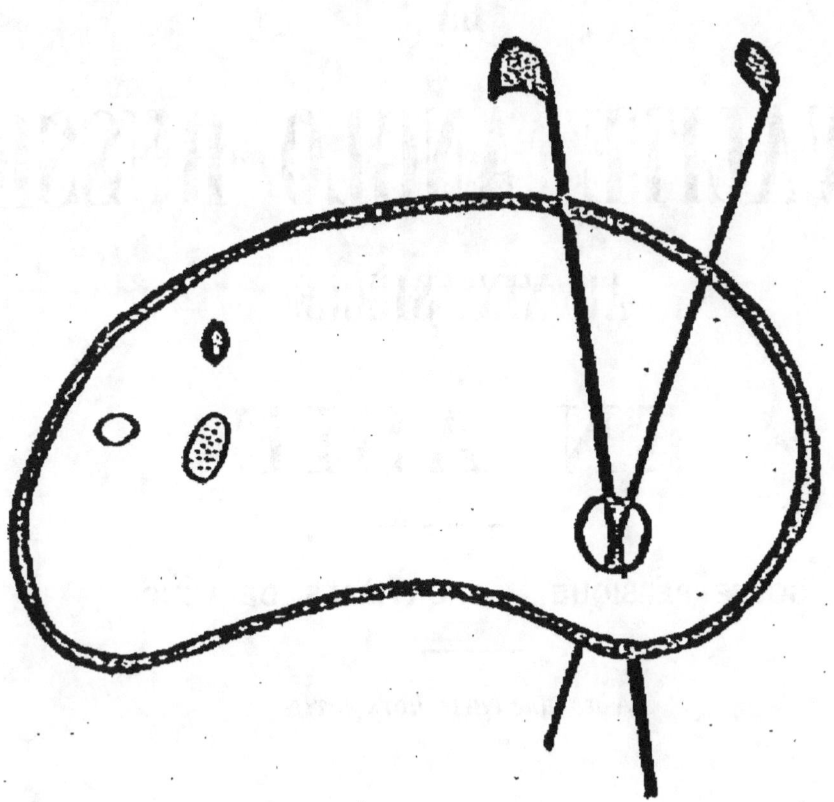

DEBUT D'UNE SERIE DE DOCUMENTS
EN COULEUR

Dr ROUIRE

LA RIVALITÉ ANGLO-RUSSE

AU XIXe SIÈCLE

EN ASIE

GOLFE PERSIQUE — FRONTIÈRES DE L'INDE

Avec une carte hors texte

Librairie Armand Colin

Paris, 5, rue de Mézières

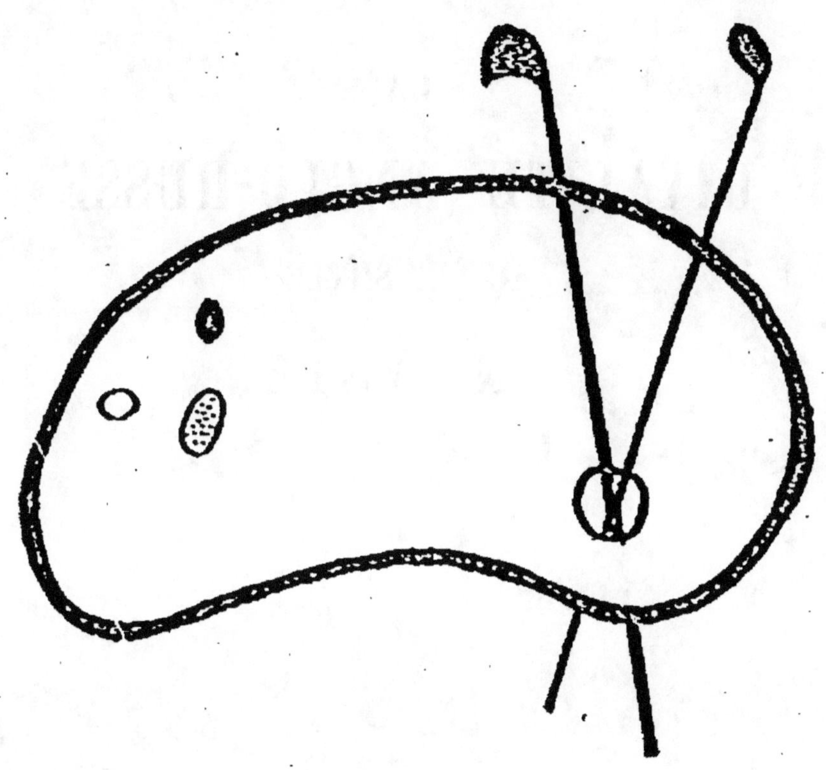

**FIN D'UNE SERIE DE DOCUMENTS
EN COULEUR**

LA
RIVALITÉ ANGLO-RUSSE
AU XIXᵉ SIÈCLE
EN ASIE

LIBRAIRIE ARMAND COLIN

L'Angleterre et l'Impérialisme, par Victor Bérard. Un volume in-18 jésus, avec une carte en couleur hors texte (*4ᵉ édition*), broché . . . . **4 fr.** »

(Ouvrage couronné par l'Académie française.)

Joseph Chamberlain. — L'Impérialisme. — Le Protectionnisme. — Le Libre-Échange. — Le Panbritannisme. — Le Rationalisme allemand. — L'Empirisme anglais.

L'Empire russe et le Tsarisme, par Victor Bérard. Un volume in-18 jésus, avec une carte en couleur hors texte, broché. **4 fr.** »

La Terre et l'Histoire. — Religions et nationalités. — La Russification. — Le Tsarisme.

1671-07. — Coulommiers. Imp. Paul BRODARD. — 2-08.

Dr ROUIRE

LA
RIVALITÉ ANGLO-RUSSE
AU XIXe SIÈCLE
EN ASIE

GOLFE PERSIQUE — FRONTIÈRES DE L'INDE

Avec une carte hors texte

Librairie Armand Colin
Paris, 5, rue de Mézières
1908

TABLE DES MATIÈRES

I

L'ANGLETERRE EN ARABIE

II

LES ANGLAIS ET LES RUSSES EN PERSE

III

LES ANGLAIS ET LES RUSSES EN AFGHANISTAN

IV

LES ANGLAIS AU THIBET

V

LA DERNIÈRE CONVENTION ANGLO-RUSSE

PRÉFACE

Le traité du 30 août 1907, qui règle la situation respective de l'Angleterre et de la Russie au Thibet, en Afghanistan et en Perse, vient de mettre fin à la lutte d'influence des deux puissances qui se disputaient l'hégémonie en Asie. Entre « l'Ours et la Baleine », désormais les occasions de conflit dans cette partie du monde sont écartées. C'est bien le moment de narrer l'histoire de la rivalité anglo-russe en Asie, d'en exposer les origines et le développement, d'expliquer la situation respective de l'Angleterre et de la Russie dans les pays limitrophes du Turkestan russe et de l'Inde, à la veille de l'accord du 30 août 1907, de préciser les considérations qui ont amené les deux puissances rivales à une entente, et de faire ressortir enfin la signification et la portée de cet arrangement non-seulement au point de vue des intérêts spéciaux de l'Angleterre et de la Russie, mais encore au point de vue européen et mondial. La série des faits et des événements auxquels la rivalité anglo-russe en Asie a donné lieu, au courant du XIXe siècle, constitue une des pages les plus intéressantes de l'histoire contemporaine et mérite d'être fixée. C'est pourquoi, ayant relaté ces faits et ces événements dans divers articles parus de 1903 à 1907 dans la *Revue des Deux Mondes*, j'ai cru devoir réunir, condenser et coordonner ces études en un ouvrage que je livre au public et dont l'apparition me paraît venir on ne peut mieux à son heure.

ROUIRE.

LA RIVALITÉ ANGLO-RUSSE EN ASIE AU XIX SIÈCLE

CONSIDÉRATIONS GÉNÉRALES

Les contrées où se sont étendues les compéti-tions de l'Angleterre et de la Russie aux prises pour l'hégémonie dans l'Asie Centrale sont l'Arabie, la Perse, l'Afghanistan et le Thibet. Il y a quel-ques années, la situation politique dans ces pays limitrophes des possessions du Turkestan et des possessions anglaises de l'Inde paraissait n'occuper qu'un rang secondaire dans les préoccupations de la politique européenne. L'attention de la diplo-matie se trouvait portée plus particulièrement sur le Levant ottoman, demeuré le théâtre classique de la lutte entre la Russie et l'Angleterre, et sur l'Extrême-Orient, où de récents événements étaient venus fournir un nouveau terrain à cette rivalité. On parlait moins des contrées qui séparent la Russie asiatique de l'Inde anglaise. Mais ces contrées n'avaient rien perdu de leur importance relative aux yeux des hommes d'État avisés de Londres et de Saint-Pétersbourg. Les faits montrent que le constant effort des représentants et des agents des deux pays tendaient, sans se relâcher un seul instant, à faire entrer dans l'orbite de la Russie ou de l'Angleterre les régions riveraines du golfe Persique ainsi que le Thibet et l'Afghanistan.

En Arabie, où l'action de l'Angleterre ne trouvait devant elle d'autre puissance européenne que la Turquie, la pénétration anglaise s'est effectuée sans difficultés ; elle était d'ailleurs favorisée par l'organisation politique des divers États indigènes. Ces États ne ressemblent pas aux grandes agglomérations centralisées des nations occidentales; ils se composent de tribus ayant leur organisation particulière, une existence séparée, et n'étant reliées entre elles par aucun patriotisme commun. La plupart n'ont qu'une faible étendue de territoire : parfois une seule oasis, une seule vallée, un seul massif de collines constitue le domaine d'un corps politique distinct. Et même l'indécision régnait encore naguère au sujet de la situation politique internationale de ces divers groupements. Étaient-ils ottomans? Étaient-ils indépendants? Étaient-ils protégés? C'est une question qu'on se posait, et que l'Angleterre, qui a bénéficié de l'équivoque, a résolu à son profit. C'est ainsi que, sur la côte orientale, elle a annexé le groupe des îles de Bahréïn, pris pied à Kowéït et dans la presqu'île de Katar; son influence est prépondérante à Mascate. Sur la côte méridionale, elle a pris possession de l'archipel de Socotora et de celui de Kourya-Mourya, de l'île Mésirah et elle vient d'établir définitivement, en mars 1903, son protectorat sur tout l'Hadramaout. A la suite de cette annexion si récente, toute la côte méridionale et la côte orientale d'Arabie, à l'exception de la province turque de l'Hasa, se trouvent ainsi placées sous le protectorat officiel ou tout au moins sous la tutelle morale et officieuse de l'Angleterre.

Mais, de l'autre côté du golfe Persique, sur le littoral persan, la politique anglaise s'est heurtée à un rival d'autant plus redoutable qu'il est voisin immédiat, par ses possessions asiatiques, du plateau de l'Iran. Les Russes se sont emparés des vallées transcaspiennes, ont saisi les forteresses les plus importantes de l'Arménie et détiennent les passages qui leur permettraient de lancer leurs armées sur Téhéran. De l'autre côte de la mer Caspienne, ils ont également conquis plus d'une position d'où il leur serait facile d'attaquer les régions vitales de la Perse, et ils sont à l'entrée même de la route des Indes par la vallée de l'Héri-Roud.

Leur influence se fait surtout sentir dans la Perse du Nord. Les efforts de l'Angleterre se sont surtout concentrés sur le littoral du golfe Persique et sur la partie méridionale de la Perse où elle a acquis une suprématie commerciale et maritime incontestable. Entre les deux puissances, la lutte s'est poursuivie avec âpreté. Longtemps concentrée sur le terrain diplomatique, elle s'est portée en ces derniers temps sur le terrain des intérêts commerciaux, des entreprises industrielles et des grands travaux publics. C'est la conquête économique de la Perse qui est surtout visée; et, sur ce terrain, l'ardeur imprimée à la politique anglo-indienne par le gouvernement des Indes n'a eu d'égale que l'activité prodigieuse déployée par la Russie.

En Afghanistan, la politique suivie par l'Angleterre s'est heurtée à deux obstacles, dont le premier est la répugnance des Afghans à entrer dans le sillage anglo-indien. Depuis le jour où, en 1809, la mission Elphinstone a signé avec Shah Choudja, émir d'Afghanistan, le traité de Calcutta, chaque mouvement en avant de l'Angleterre a été suivi jusqu'en ces dernières années d'une résistance et d'un recul. En 1838, c'est la mission Burnes à Caboul, provoquant par contre-coup l'alliance russo-afghane, obligeant les Anglais à une expédition et aboutissant en 1841 au massacre des garnisons anglaises laissées dans le pays. En 1875, c'est, après les négociations de l'émir avec lord Northbrook et lord Lytton, le rapprochement de l'Afghanistan avec la Russie, l'arrêt à la frontière afghane de la mission de sir Neville Bowles, et la guerre de 1878-1879, terminée par le traité de Gaudamak. La même année enfin, après ce traité qui instaurait une sorte de contrôle britannique sur l'Afghanistan, c'est le massacre de la mission Cavagnari, la marche du lieutenant général Roberts sur Caboul, la prise de cette ville après une campagne pénible, et la liquidation modeste acceptée par Gladstone en 1879.

Ces efforts successifs et coûteux, plus ou moins actifs suivant que le pouvoir appartenait aux conservateurs ou aux libéraux, n'avaient pas modifié les sentiments du peuple afghan, qui ne s'expliquaient que trop par la nature des mesures employées. Ce n'est que depuis cette époque que la politique britannique, ayant changé de méthode, a vu une détente se produire dans ses rapports avec l'Afghanistan. La mission de sir Mortimer Durand en 1893, le voyage récent à Calcutta du fils de l'émir actuel, la conclusion du dernier traité anglo-afghan sont autant de preuves de la modification de ces sentiments.

Le second obstacle, c'est la Russie et la pénétration russe en Asie Centrale. Dès 1870, après les campagnes de Tchernaïef, de Romanowski et de Kaufman, une province russe était constituée au Turkestan avec Tachkent pour capitale. L'annexion de Khiva en 1873, celle du Khokand en 1876, la soumission des Turkmènes et la prise de Merv achevèrent la conquête du Turkestan. Ce jour-là, la question de la frontière russo-afghane fut posée, et ce jour-là aussi la rivalité anglo-russe entra dans sa phase aiguë. On se souvient de l'émotion européenne qui suivit la défaite des Afghans, le 30 mars 1885, par le général Komaroff. L'armée britannique était mobilisée; tout le monde croyait à la guerre. On l'évita cependant, grâce à un accord du 10 septembre 1885. Depuis lors, l'Angleterre a acquis une influence prédominante en Afghanistan. Elle pensionne l'émir, s'est substituée à lui dans la direction des affaires extérieures, a un agent indigène résidant à Caboul et s'est fait céder une partie notable de l'Afghanistan, de manière à permettre à l'empire anglo-indien d'atteindre ce qu'on est convenu d'appeler la frontière scientifique de l'Inde. L'Afghanistan est devenu un des éléments — le principal — de la défense de l'Inde. Le traité qui a été conclu au mois de mars 1905, entre l'Angleterre et l'Afghanistan, n'est, à ce sujet, que la continuation de l'œuvre que la politique britannique poursuit en ce pays depuis près d'un siècle. Cette œuvre traditionnelle du gouvernement anglo-indien peut être envisagée à un double point de vue. Politiquement, il s'agit de créer la confiance entre l'Afghanistan et l'Angleterre et de profiter de cette confiance pour rendre l'Angleterre maîtresse de ce pays. Militairement, il s'agit, suivant le mot de M. Balfour, de « protéger l'Afghanistan contre un risque de conflit avec une puissance étrangère, étant entendu que le problème de la défense de l'Inde se confond avec celui de la défense de l'Afghanistan ». En d'autres termes, installer solidement l'influence anglaise dans l'Afghanistan, pour faire de ce pays le boulevard de l'Inde contre la pénétration russe si activement poussée depuis trente ans dans l'Asie Centrale; profiter de la « frontière scientifique » qui a mis les régiments anglo-indiens à deux jours de marche de Candahar, pour continuer la politique enveloppante qui a abouti à l'occupation du Tchitral; faire coopérer enfin les forces afghanes à côté des troupes anglaises à la défense de l'Inde; voilà la tactique au développement de laquelle ont contribué la mission envoyée à Caboul sous la direction de M. William Dane et le traité de mars 1905 qu'elle a signé avec l'Émir.

Au Thibet, les Anglais ont, depuis la fin du xviiie siècle, procédé, pour ainsi dire, à l'investissement progressif de la partie de ce pays qu'on appelle le Grand Thibet, s'emparant successivement des États indiens voisins ou dépendant de Lhassa et détachant même, chaque fois que l'occasion s'est présentée, quelque parcelle du territoire propre soumis au Dalaï-Lama. C'est ainsi qu'au cours du xixe siècle, ils ont conquis la province thibé-

taine du Sikkim, enlevé à Lhassa le Petit Thibet et
le Moyen Thibet et placé sous leur influence le
Boutan, le Cachemire et le Népâl. Ils ont su de
plus acquérir et cultiver depuis un siècle l'amitié
du Taschi-Lama, en prévision d'un changement de
personne à la tête du gouvernement de Lhassa. En
vain, effrayés des progrès continus de la puissance
indo-britannique, les Thibétains ont voulu tenir
leur pays hermétiquement clos, en barricader
l'entrée, et en interdire l'accès à tout étranger. Les
barrières ont dû tomber. A la dernière heure, il est
vrai, le gouvernement de Lhassa, sous l'impulsion
d'un Dalaï-Lama énergique, qui n'a pas voulu se
résigner au rôle d'idole joué par ses prédécesseurs,
a paru vouloir faire sortir le Thibet de l'immobilité
séculaire dans laquelle il se figeait, et cherché un
appui en nouant des relations avec la Russie,
rivale de l'Angleterre en Asie Centrale. Cette tentative n'a fait que précipiter les événements. En effet,
tant que les Thibétains fermaient également leur
porte à tout le monde, ils pouvaient être considérés
comme les protecteurs volontaires de la frontière
septentrionale de l'Inde; du moment qu'ils cessaient de jouer ce rôle et permettaient l'accès de
leur pays à des étrangers, tout en continuant à en
défendre l'entrée aux Anglais, ils s'exposaient à
être regardés par ces derniers comme des voisins
incommodes et dangereux. D'autre part, la Russie,
séparée de Lhassa par plusieurs milliers de kilo-

mètres de déserts et de montagnes en partie infranchissables, s'est trouvée mal placée pour s'opposer à l'intervention anglaise, et des événements d'une autre gravité qui se déroulaient aux confins de la Mandchourie et de la Corée lui ont ôté sa liberté d'action dans les affaires du Thibet et l'ont empêchée de s'opposer à la conclusion du traité anglo-thibétain qui a consacré l'isolement du Thibet sous la suzeraineté de la Chine et le contrôle de l'Angleterre.

Le traité du 30 août 1907 a mis fin à cette rivalité séculaire de l'Angleterre et de la Russie en Asie Centrale et sur la frontière de l'Inde. L'accord règle les délicates questions de frontières qui avaient été des sources de tension, de difficultés et de dépenses pour les deux pays. Il légalise les positions qu'occupaient en fait dans l'Asie Centrale, la Russie et l'Angleterre. Œuvre de sagesse, il s'inspire heureusement de principes conciliants, d'un esprit d'abstention réciproque, et repose sur cette vérité que toute politique, pour être saine et durable, doit être fondée sur des concessions mutuelles.

Consacrant l'abandon du vieux système qui a conduit ces deux puissances à des annexions indéfinies, à des dépenses croissantes et à l'immobilisation d'une importante partie de leurs forces en Asie, il inaugure une politique qui témoigne d'un sens plus pratique de leurs intérêts. Mais l'importance internationale de ce document en dépasse le texte étroit. Rompant avec les traditions de jalousie qui existaient entre ces deux puissances, il fonde entre elles une paix durable. Il a une portée européenne supérieure encore à sa portée asiatique. Sa signature complète heureusement l'ensemble des accords dus à la haute initiative du roi Édouard VII et dont le point de départ a été l'accord anglo-français. Il doit être considéré comme un des meilleurs gages de la paix mondiale.

I

L'ANGLETERRE EN ARABIE

CHAPITRE I

Premières tentatives des Anglais pour implanter leur influence sur la côte d'Arabie.

La Compagnie des Indes, autorisée par Élisabeth d'Angleterre en 1599, avait à peine fondé quelques comptoirs dans l'Inde et pris pied sur la côte de Coromandel, elle n'avait pas encore acquis Bombay, et déjà son attention se portait sur le littoral du golfe Persique. Là, à la fin du XVIe siècle, les Portugais dominaient; ils s'étaient montrés dans ces parages aussitôt après leur établissement dans l'Inde et avaient fait du littoral du golfe Persique en même temps que du littoral indien le théâtre de leurs entreprises et des exploits de leurs conquistadors. L'empressement des Portugais d'abord, des

Anglais ensuite, à diriger, dès leur arrivée dans l'Inde, leurs visées sur le golfe Persique s'explique aisément par l'intérêt majeur qu'offrait alors la possession de cette région pour la nation qui voulait détenir le premier rang dans le négoce et la navigation de l'océan Indien. A l'époque de la découverte du cap de Bonne-Espérance, le commerce des Indes avec l'Europe empruntait la voie du golfe Persique; il suivait depuis des siècles cette voie qui, aux temps antiques, avait fait la fortune de Ninive et de Babylone et qui faisait alors la fortune de Bagdad et de Bassora. Les Musulmans, maîtres du golfe, apportaient à Bagdad les étoffes de soie et d'or, le poivre, la cannelle, l'écaille, l'ivoire, la gomme, les perles, l'encens et la myrrhe, les produits précieux de l'Hindoustan, de la Chine et de l'Arabie, et rapportaient en échange la verrerie, le fer, le plomb et le cuivre de l'Occident. De Bagdad, les marchandises étaient transférées à travers l'Asie antérieure à Damas, à Alexandrie, et aux ports maritimes de la Syrie où les Pisans, les Florentins, les Génois et surtout les Vénitiens entretenaient des comptoirs florissants. Même après la circumnavigation de l'Afrique et la découverte de la voie maritime de l'Inde, cette route conserva, au cours du xvi siècle et pendant une partie du xvii, une partie notable de son importance; elle restait la grande route du commerce de l'Inde et de l'Anatolie, la maîtresse voie internationale entre l'Europe et l'Asie. Des marchands italiens et catalans continuaient à écouler par les plaines de la Syrie et de la Mésopotamie les produits de l'Occident, et les négociants de l'Inde à faire remonter à leurs marchandises le cours de l'Euphrate, d'où elles se répandaient dans l'empire ottoman.

La persistance séculaire du commerce de l'Orient à suivre, dans ses relations avec l'Europe, la voie du golfe Persique tenait aux facilités et aux avantages non comparables qu'offre cette voie aux navires. Par le golfe Persique, passe le chemin que suivent les lignes de navigation côtière de l'Inde ainsi que les pays de la Méditerranée. Entre la presqu'île de l'Inde et l'Asie Antérieure, entre la côte de l'Iran et la côte d'Arabie, l'océan Indien s'enfonce en un bras de mer qui, commençant à la corne orientale de l'Arabie, au cap Ras-el-Hadd, s'avance jusqu'au détroit d'Ormuz : c'est le golfe d'Oman; puis, au delà, un second cul-de-sac maritime prolonge le premier, du détroit d'Ormuz au rivage de la Mésopotamie : c'est le golfe Persique. Ces deux bras de l'océan Indien, que fait communiquer le détroit d'Ormuz, pénètrent dans l'intérieur des terres sur une profondeur de 2 500 kilomètres et permettent aux navires d'arriver jusqu'à l'embouchure du Chatt-el-Arab, nom donné au confluent du Tigre et de l'Euphrate. Ce dernier fleuve est navigable lui-même jusque vers les confins de la

Mésopotamie. Le grand coude que, à cette hauteur, l'Euphrate décrit à l'ouest, le rapproche des rivages de la Syrie, dont il n'est séparé que par la courte vallée de l'Oronte. Ainsi les marchandises venues de l'Orient pouvaient, en empruntant la voie maritime et la voie fluviale, remonter jusqu'au cœur de l'Asie Mineure; et là, parvenues au point terminus de la navigation sur l'Euphrate, elles pouvaient, après un très court trajet par caravanes à travers le seuil de séparation des deux fleuves, descendre le cours de l'Oronte. Les facilités que donne au commerce cette voie si commode furent appréciées et utilisées dès les temps les plus reculés. Aux temps des rois de Babylone, sous la domination grecque d'Alexandre et sous les Séleucides, le golfe Persique et le courant de l'Euphrate restèrent le grand chemin entre l'Orient et l'Occident. Les villes qui jalonnaient son parcours ont compté parmi les plus florissantes de l'Asie, Ninive, Babylone, Séleucie, Ctésiphon, situées sur l'Euphrate et le Tigre, devinrent les capitales de puissants empires. La grande place de Carchémis, si souvent citée dans les luttes épiques des Pharaons et des rois d'Assyrie, acquit, grâce à sa position sur le grand coude de l'Euphrate une importance exceptionnelle. Dans des temps moins lointains, à l'époque romaine, Antioche, sur l'Oronte, au point où le rivage de la Méditerranée se rapproche le plus de la courbe de l'Euphrate, dut à cette situation sa

fastueuse opulence et mérita d'être appelée la reine
de l'Orient. Bien que s'élevant en plein désert,
Palmyre, sur le passage obligé des caravanes qui,
de l'Euphrate, gagnaient les ports de Syrie, eut
aussi ses jours de puissance et de splendeur. Et,
lorsque ces riches cités, ayant dû subir les vicissi-
tudes de la fortune, eurent disparu, laissant seulement à la surface du sol, comme témoignage de
leur magnificence passée, des montagnes de ruines,
de nouvelles villes, Bassora, Bagdad, Diarbékir,
Damas, Alep, autres étapes sur la même route,
surgirent et héritèrent, sous la domination des
califes, de leur activité dans le trafic international.
Il convient d'ajouter en outre que cette route si
commode est la plus courte et la plus directe, car
elle permet d'éviter le grand détour par la côte
méridionale d'Arabie et la mer Rouge. Aussi, dans
les relations internationales avec l'Europe, la route
du golfe Persique fut-elle préférée par les marchands à celle de la mer Rouge aux temps anciens,
et l'était-elle encore au moyen âge et même après
la découverte du cap de Bonne-Espérance ; et il
est tout naturel que les maîtres européens de
l'Inde fussent amenés à vouloir dominer dans le
golfe Persique et le golfe d'Oman qui commandaient
cette voie de communication. C'est ce que com-
prirent admirablement les Portugais. A leur arrivée
dans l'Inde, les Arabes du golfe Persique et de
l'Oman étaient les maîtres de la navigation dans

l'océan Indien, et leurs navires allaient de Bassora et de Mascate à Calicut et aux îles de la Sonde ou à Mélinde et à Zanzibar, mettant en relations de commerce l'Afrique et l'Asie. Les Portugais leur firent une guerre sans merci, qu'ils poursuivirent pendant tout le XVIᵉ siècle. Leur grand conquistador Albuquerque planta le pavillon portugais à Mascate et à Sohar et se fit céder en 1515 Ormuz; les îles Bahréïn furent occupées; El-Katif, sur la côte arabique, fortifié; et tous les points qui étaient à la convenance des Portugais sur la rive persane et sur la rive arabique furent couronnés de forts et de citadelles et reçurent des garnisons. Ormuz était leur principale place d'armes et leur grand entrepôt commercial. Située dans une île, dans le détroit d'Ormuz, qui fait communiquer le golfe Persique et le golfe d'Oman, cette ville avait été fort judicieusement choisie tant au point de vue militaire et stratégique qu'au point de vue commercial. Sa position insulaire la mettait à l'abri des attaques de la terre ferme, avantage capital pour une nation comme le Portugal, dont la puissance consistait surtout dans ses vaisseaux. Entourée d'une ceinture de masses basaltiques, rochers escarpés baignant leur base dans l'Océan et élevant dans les airs leurs sommets en fantastiques tourelles, la ville avait une assiette naturelle très forte; en outre, des fossés, une enceinte régulièrement bastionnée, un réduit central, qui la protégeaient,

mettaient ses possesseurs en état de défendre facilement leurs personnes et leurs richesses. Ces dernières étaient grandes. Grâce à sa position entre
l'Arabie, la Perse, l'Anatolie et l'Inde, Ormuz était
le centre, le grand emporium où venaient affluer,
au profit des navigateurs portugais, les échanges
des denrées les plus précieuses de l'Orient et de
l'Occident. Les navires venus des Indes et de la
Chine y arrivaient, et y chargeaient les riches produits de la Perse et de l'Arabie. Ormuz était la
gloire et l'orgueil des Portugais. « Si le monde,
disaient-ils dans leur langage imagé, était un
anneau d'or, Ormuz en serait le diamant. »

C'est pourtant à cette place que la Compagnie
anglaise des Indes, bien qu'elle fût à ses débuts,
osa s'attaquer. Mais, trop faible pour risquer seule
ses forces dans une telle entreprise, elle fit appel
aux Persans. Unis à ces derniers, les Anglais
vinrent en 1622 mettre le siège devant Ormuz. Les
Portugais firent une belle résistance et pendant
plus de deux mois repoussèrent tous les assauts ;
mais, n'étant point secourus, ils durent capituler.
La ville fut pillée et détruite. La chute d'Ormuz
retentit dans tout l'Orient et fut pour le Portugal
le commencement de la décadence de son commerce et de sa domination dans l'océan Indien.
Les habitants des deux rives du golfe Persique,
Arabes et Persans, se soulevèrent, les bloquèrent
dans leurs forteresses et les réduisirent à une situa-

tion précaire. Mascate finit par succomber à son tour en 1648, et il suffit, pour chasser les Portugais de cette place, des efforts combinés de quelques tribus arabes.

Mais la Compagnie anglaise des Indes était alors trop faible et disposait de trop peu de ressources pour poursuivre ses entreprises contre les Portugais, et ce furent les Hollandais, dont les flottes dominaient alors les mers, qui s'arrogèrent la prétention de se substituer à ces derniers dans l'océan Indien. Après avoir chassé les Portugais de Ceylan et de Malacca, les Hollandais s'établirent sur la côte de Coromandel, dans l'Hindoustan, et voulurent à leur tour mettre la main sur la route du golfe Persique. Ils se rendirent maîtres des îles du golfe et de plusieurs forteresses du littoral qu'ils enlevèrent aux Portugais, et adoptèrent pour quartier général l'île de Kharag, position bien choisie à l'extrémité nord du golfe, à proximité de l'embouchure du Chatt-el-Arab. De là, ils interceptaient tout le commerce de Bagdad et de l'Anatolie avec l'Inde et envoyaient expéditions sur expéditions à la fois contre les Portugais, les Turcs, les Arabes et les Persans. Le résultat de ces luttes, qui durèrent jusqu'au milieu du xviii⁰ siècle, fut l'expulsion totale des Portugais; mais les Hollandais durent subir à leur tour le même sort. Trop faibles pour résister aux efforts combinés des musulmans, ils durent évacuer leurs postes et notamment l'île de Kharag. Les Européens chassés, l'anarchie régna en maîtresse sur les deux rives du golfe. Musulmans sonnites d'Asie Mineure, musulmans chiites de Perse, tribus plus ou moins indépendantes d'Arabie, pirates des îles, bataillèrent entre eux en des luttes incessantes et confuses et s'entre-déchirèrent sans que pût être établie une autorité sérieuse et incontestée dans ces parages. Au milieu de toutes ces guerres, la voie maritime de l'Inde par le golfe Persique finit par être abandonnée. Le commerce se détourna de cette voie qui n'offrait plus de sécurité, et fut forcé de prendre la route plus longue de l'Égypte par la mer Rouge.

Cependant la domination anglaise s'était affermie dans l'Inde. Devenue l'alliée du Portugal, qui avait réussi à secouer enfin le joug de l'Espagne, l'Angleterre s'était fait céder, en 1661, l'île de Bombay. D'autre part, la Compagnie anglaise des Indes, ayant eu la sagesse de restreindre momentanément son ambition à la possession de l'Hindoustan, s'était établie au commencement du xvIIIe siècle sur la côte de Malabar et en certains points du Bengale. Après avoir détruit la domination française dans la péninsule par les victoires remportées sur Lally-Tollendal et le traité Godeheu, qui la rendit maîtresse du Carnatic, puis brisé les forces de l'empire mogol à la bataille de Buxar (1764), elle avait imposé son protectorat sur la côte de Travancore et enlevé en 1792 au sultan de Mysore, Tippo-Sahib, la moitié de ses États. A la fin du siècle, elle chassait les Hollandais de Ceylan. C'est alors que, Portugais, Français, Hollandais ayant été éliminés successivement des Indes, l'attention de l'Angleterre se trouva reportée à nouveau sur le golfe Persique.

Ce ne furent point toutefois les besoins de son commerce ni l'ambition d'assurer à son pavillon le monopole de la navigation du golfe qui forcèrent cette fois le gouvernement britannique à s'occuper de ces régions. Les marchandises de l'Inde à destination de l'Europe avaient désappris la route de la mer Persique et de l'Euphrate. Ormuz n'était plus; les marchés de Bassora, Bagdad, Diarbékir, Damas, Alep, étaient délaissés. Mais les graves événements qui étaient survenus en Europe à la fin du XVIIIe siècle avaient eu leur répercussion en Orient. Une armée française avait débarqué en Égypte, occupé les bords du Nil, et Bonaparte projetait d'envoyer une expédition au secours de Tippo-Sahib, qui s'était révolté à nouveau et tenait les Anglais en échec. Il était question de faire passer à travers la mer Rouge une flottille française qui ferait son apparition dans l'océan Indien et inquiéterait les côtes de l'Inde. Déjà des instructions données au mois de décembre 1898 par le général en chef de l'armée d'Égypte enjoignaient au général Bon d'armer des felouques pour aller occuper le détroit de Bab-el-Mandeb. Un grave danger menaçait l'empire que l'Angleterre était en train de constituer à son profit dans l'Inde. Pour le conjurer, le gouvernement britannique chercha à s'emparer des deux grandes voies maritimes qui conduisaient à ses possessions indiennes : la route de la mer Rouge et celle du golfe Persique. Sur la première de ces routes, il fit occuper en 1799 l'îlot de Périm, au point le plus resserré du détroit de Bab-el-Mandeb et fit entrer dans son alliance le petit sultanat de Lahedj, situé non loin de Périm, sur la côte méridionale d'Arabie. La mort de Tippo-Sahib, tué sur la brèche de Seringapatam, la victoire de Canope et l'évacuation de l'Égypte par l'armée française ne mirent pas un terme aux inquiétudes du gouvernement britannique. Napoléon, empereur, se rappelait toujours le plan qui avait hanté l'imagination du général en chef de l'armée d'Égypte et rêvait de frapper son adversaire au cœur de ses possessions indiennes. Seulement ce n'était plus par la voie de la mer Rouge qu'aurait été dirigée cette fois l'attaque. La flotte française était détruite ou partout bloquée, et la marine britannique était la maîtresse incontestée des mers. L'expédition devait emprunter la voie terrestre, traverser l'Euphrate au nord du golfe Persique et pénétrer dans l'Hindoustan par la frontière nord. En attendant l'apparition de l'armée française, des agents secrets envoyés par Napoléon parcouraient la région nord de l'Arabie et de la Syrie, cherchant à s'assurer le concours des tribus arabes, éclairant d'avance la route et préparant les peuples à de grands événements. Alors l'utilité pour les maîtres de l'Inde de la possession de la route du golfe Persique se révéla sous un aspect nouveau. Jusque-là on s'était borné à considérer cette route comme la voie commerciale la mieux désignée géographiquement entre l'Europe et la péninsule indienne ; l'entreprise projetée de Napoléon fit apparaître son importance stratégique de premier ordre dans les conflits pouvant s'élever entre puissances européennes pour la possession de l'Hindoustan. De l'embouchure du Chatt-el-Arab dans le golfe Persique, une armée anglo-indienne pouvait en effet remonter le cours du Tigre et de l'Euphrate, opérer une diversion sur les flancs de l'armée ennemie se dirigeant de l'Euphrate sur l'Indus, la prendre à revers et lui couper la retraite.

Le gouvernement britannique conçut dès lors le vaste dessein de réunir dans une commune alliance contre la future agression projetée tous les États riverains du golfe Persique et de la mer d'Oman et tous ceux dont le territoire devait être traversé par l'armée d'invasion. Sur la côte arabique, deux États avaient une organisation politique stable et définie : Kowéït et l'Oman. Conquis au commencement du xviiie siècle sur les Persans par des tribus arabes de l'intérieur, dont la plus puissante, celle des Atéïbeh, forma le fond de sa population, Kowéït s'était constitué, au milieu de l'anarchie générale, qui désolait les rives du golfe Persique, en une sorte de république indépendante ayant à sa tête un cheïk qui y exerçait une suprématie toute patriarcale. C'était un État minuscule, ne comptant pas alors plus de 20 000 habitants; mais sa position géographique lui donnait une valeur que ne comportaient pas l'exiguïté de son territoire et le petit chiffre de sa population. Placé à quelques kilomètres au sud de l'embouchure de l'Euphrate, à 110 kilomètres à l'ouest de Bassora, à l'entrée d'une baie spacieuse, bien abritée, ayant des mouillages magnifiques et d'un accès facile, le port de Kowéït se prêtait on ne peut mieux aux desseins de l'Angleterre. Le gouvernement britannique eut l'habileté de gagner le cheïk et de s'en faire un allié. C'est de son port pris comme base d'opérations que devait remonter le long de l'Euphrate l'armée anglo-indienne qui irait prendre à revers les forces françaises se dirigeant par la Perse sur l'Inde. Il gagna également à sa cause l'Oman.

Cet État s'était formé vers le milieu du xviiiᵉ siècle dans des circonstances analogues à celles qui avaient donné lieu à la naissance de l'État de Kowéït. Dans les temps troublés qui suivirent la ruine de la domination du Portugal et de la domination de la Hollande dans le golfe Persique, un chef arabe, Ahmed-Bou-Saïd, gouverneur de Sohar, chassa les Persans de Mascate et du pays environnant. Il se proclama indépendant en 1749 et réussit par sa bravoure et son habileté à constituer sur la côte arabique du golfe Persique et de la mer d'Oman un grand État politico-religieux. A sa mort, les limites du nouveau royaume avaient été reculées, sur la côte occidentale, au nord jusqu'au district d'El-Hasa, en face des îles Bahréïn, et, sur la côte méridionale, jusqu'à Djofar, en face des îles Kourya-Mourya; c'était déjà l'un des plus puissants États de l'Asie Méridionale. Son fils et son successeur était un prince détestant la politique d'aventures et s'occupant de préférence à faire fleurir le commerce dans ses États. Le gouvernement britannique n'en réussit pas moins à l'entraîner à sa remorque et obtint de lui, en vertu d'un accord datant de 1800, l'autorisation d'installer un résident anglais à Mascate. Ces mesures de défense préventive prises d'accord avec le cheïk de Koweït et le sultan de l'Oman furent complétées par l'envoi, en 1803, en plein territoire turc, à Bassora, d'un agent anglais chargé de surveiller la vallée de l'Euphrate et de nouer avec les tribus arabes de la Mésopotamie des relations ayant pour but de contrecarrer les desseins de Napoléon.

CHAPITRE II

Établissement de l'influence anglaise à Mascate.

Après la fin des guerres napoléoniennes, l'Angleterre respira, mais la position qu'elle avait prise dans le golfe Persique ne fut pas abandonnée, et les relations nouées avec les États et les chefs de la côte occidentale d'Arabie continuèrent. En 1820, un résident anglais fut installé à Kowéït. Il est vrai que cet agent, ayant eu à subir toutes sortes de tracasseries de la part des Arabes, dut quitter la place et ne fut pas alors remplacé. Mais l'échec momentané de sa politique à Kowéït fut largement compensé par le développement que prit son influence à Mascate. A Seyd-Sultan, mort en 1806, avait succédé sur le trône d'Oman Seyd-Saïd. Au cours d'un règne de cinquante ans, l'influence de l'Angleterre régna sans partage à la cour de ce prince. L'État d'Oman retira, d'ailleurs, de ces bonnes relations de précieux avantages. Il leur dut d'abord de reconquérir son indépendance, qu'une guerre malheureuse avec les Wahabites lui avait fait perdre. Ces derniers, qui s'étaient donné pour mission, à la fin du XVIII⁰ siècle, de rénover l'Islam, à leurs yeux corrompu et dégénéré, dominaient alors l'Arabie. Entraînés par leur fanatique ardeur, ils avaient pris la Mecque et Médine en 1803, attaqué l'Égypte, pris Damas et conquis la partie de la côte occidentale d'Arabie qu'on nomme, le pays d'El-Hasa et, qui s'étend, au midi de l'embouchure de l'Euphrate, jusqu'au littoral en face des îles Bahréïn. L'Oman n'avait pas échappé à leurs coups, et Seyd-Sultan avait dû se résigner à leur payer tribut. Les Anglais l'aidèrent à secouer le joug. A quelque temps de là, ils lui rendirent un autre signalé service. Depuis l'expulsion des Européens, le golfe Persique était infesté de pirates qui rendaient les communications difficiles entre les deux rives du golfe et dans la mer d'Oman. Les Wahabites de la région d'El-Hasa, les gens des îles Bahréïn et même les propres sujets du sultan ne cessaient de se livrer à des déprédations sur ces eaux. Groupés en associations de corsaires, ils avaient fait donner à la côte d'Oman le nom de Côte des Pirates et profitaient des dangers qu'offrait la navigation dans ces parages difficiles et semés d'écueils pour s'adonner à leur triste industrie. Malheur aux navires qui s'engageaient dans le golfe sans être accompagnés de vaisseaux de guerre! Les flottilles des pirates se tenaient en embuscade sur le revers occidental de la péninsule qui se termine au cap Masandam et de là fondaient sur eux et leur donnaient la chasse. Même les indigènes qui se livraient à la pêche se transformaient volontiers, leur travail terminé, en pirates et s'efforçaient de se dépouiller mutuellement des fruits de leurs peines. Le nombre des corsaires était si grand que le sultan, malgré les forces navales dont il disposait, ne pouvait les mettre à la raison. La Compagnie des Indes, dont le commerce souffrait d'un tel état de choses, s'empressa de prêter main-forte à Seyd-Saïd. Une première expédition anglo-indienne eut lieu en 1809 contre les pirates de l'Oman; dix ans après, en 1819, plus de 200 navires appartenant à la tribu des Djewasiné furent capturés par la flotte britannique; enfin, en 1821, une armée de 3 000 hommes vengea la défaite, dans le district de Djaïlan, d'une petite force anglaise.

Ces expéditions renouvelées dans un si court intervalle n'eurent pas seulement un caractère politique : elles servirent la cause de la science en faisant connaître l'hydrographie du golfe. Tandis que le lieutenant Mac-Clure poussait une reconnaissance hydrographique de la mer Persique jusqu'aux bouches de l'Euphrate, la marine anglaise, appelée dans les parages des îles Bahréïn pour donner la chasse aux pirates, reconnaissait les archipels alors à peu près inconnus. L'expédition de 1819 permit de poursuivre ces études et procura un tracé suffisamment exact de la côte arabique; et plus tard une revision générale compléta ces premiers travaux. L'hydrographie du golfe, il est juste de le reconnaître, appartient tout entière à la marine anglaise et ce n'est pas une des tâches les moins remarquables qu'elle ait accomplies dans les mers asiatiques.

Débarrassé complètement des Wahabites et, en partie, des pirates, Seyd-Saïd s'occupa d'augmenter ses forces et d'accroître ses États. Il se construisit une flotte qui compta jusqu'à 30 frégates, dont plusieurs armées de 50 canons, et qui fut la plus puissante de l'océan Indien. Grâce à elle, il s'assura l'empire du golfe Persique et d'immenses territoires en Asie et en Afrique. Il contraignit la Perse à lui abandonner les îles d'Ormuz, de Kischm, de Laredj, de Bahréïn, et la presque totalité de ses côtes, depuis le cap Bostonnah jusqu'à la presqu'île de Djask. Sur la rive orientale du golfe, le littoral du Mékran, du Kerman, du Laristan et du Farsistan avec les principales cités maritimes de la Perse, comme Bender-Abbas et Lindje, obéirent à ses lois; de même le littoral du Baloutchistan avec Guador jusqu'à la frontière de l'Inde. En Arabie même, l'empire d'Oman s'étendit, sous ce règne, sur la plus grande partie de l'Arabie Orientale et de l'Arabie Méridionale, depuis la presqu'île de Katar sur le golfe Persique, à hauteur des îles Bahréïn, jusqu'à la baie de Mirbat sur l'océan Indien, avec les îles de Socotora et de Kourya-Mourya. Les possessions africaines venaient encore doubler l'étendue de l'empire. Toute la côte orientale d'Afrique, depuis la baie de Quiloa, limite extrême vers le nord de la colonie portugaise de Mozambique, jusqu'à l'embouchure de la Tana avec les îles de Zanzibar, de Mafia et Pemba, dépendit du sultan de Mascate. Encore faut-il joindre à cette énumération les ports de Kismayou, de Brawa, Magadoxo, Merka, Ouarschéikh sur la côte de Benadir, au delà de la Tana. Seyd-Saïd régna sur un domaine ayant un littoral de 4000 kilomètres d'étendue. Ses revenus s'élevèrent à 27 millions[1]. Ses sujets l'appelèrent Grand; son royaume fut le plus florissant et le plus considérable des États que baigne l'océan Indien et devint l'entrepôt du commerce de l'Afrique orientale, de la Perse et de l'Inde.

Le gouvernement britannique voyait avec sympathie les progrès de la puissance de Seyd-Saïd et cherchait à l'utiliser au mieux de ses intérêts et au profit de la consolidation de son influence. Il conclut tout d'abord avec lui une série de traités pour la répression de la piraterie et l'abolition de la traite et installa, pour arriver à ce double but, des agents dans les divers ports de l'Oman. Il se fit reconnaître ensuite un droit de visite sur tous les

---

1. Voyez Palgrave, *Voyage dans l'Arabie centrale*, t. II, ch. xv.

navires faisant le trafic dans ces parages, et, sous le prétexte d'exercer ce droit de police et de surveillance, le gouvernement de l'Inde voulut s'établir dans le golfe Persique et y créer des stations à demeure. En 1840, les Anglais prirent pied dans l'île de Kharag, qu'avaient si longtemps possédée les Hollandais, et y laissèrent une garnison. Ils voulurent aussi s'installer à Ormuz. Dans l'île de Kischm, fut créé l'établissement militaire de Bassadore, pour commander l'entrée du golfe Persique; une autre station fut fondée à Hendjam, autre île qui n'est séparée de Kischm que par un chenal de 2 kilomètres, et ce point fut désigné comme futur poste de la marine britannique. L'île de Kaïs entre Bouschir et Lindja fut également occupée. Ainsi, toutes les îles du golfe, situées en face de la côte iranienne, devinrent à cette époque le siège d'autant d'établissements militaires anglais.

A ce moment, on put considérer l'Angleterre comme maîtresse du golfe Persique et du golfe d'Oman. A peu près toutes les îles dans ces eaux étaient placées sous son autorité directe, occupées militairement; et, de plus, son influence prépondérante à Mascate, confirmée par une série de traités, lui assurait une sorte de haute suzeraineté sur les deux rives de ces mers, la rive arabique et la rive persane, qui se trouvaient dépendre alors du sultan de Mascate. Mais des considérations qui n'ont rien à faire avec la politique ne permirent pas au gou-

vernement de l'Inde de maintenir les établissements militaires qu'il avait créés dans ces parages.
Les îles du golfe où il avait installé des garnisons
sont nues, arides, sans eau. Toutes les provisions
solides et liquides, qui étaient indispensables,
devaient être expédiées de Bombay. Au manque
d'eau et de vivres vient s'ajouter le caractère du
climat. Le golfe Persique est un des endroits du
globe où sévit la plus implacable chaleur. On sait
en effet que l'équateur thermique se replie vers
l'hémisphère septentrional et longe la côte occidentale de la péninsule arabique et la rive méridionale
de la Perse. Dans ces régions, les températures de
40° centigrades à l'ombre sont fréquentes, même
au mois d'avril et par un calme parfait; en plein
été et lorsque le vent souffle du désert, la chaleur
dépasse 50°; au dire de Welstein, souvent l'ardeur
du soleil fait éclater la pierre. Mascate et les îles du
golfe sont au nombre de ces enfers que mention-
nent les dictons des marins. « Puisque tu as créé
cette fournaise, dit l'un d'eux, qu'avais-tu donc
besoin, ô Allah, de créer l'enfer! » Le climat, qui
jadis avait fort éprouvé les Portugais, était plus
fatal encore au tempérament anglo-saxon. Bientôt
il parut démontré qu'à moins de précautions exceptionnelles, officiers et soldats anglais ne pouvaient
y passer les étés sans succomber à la folie ou à la
mort. Force fut donc de mettre un terme à une
occupation aussi onéreuse aux finances de l'Inde

que funeste à ses contingents de troupes. Successivement les îles de Kharag, Kischm, Kaïs, Hendjam durent être évacuées.

En 1856, Seyd-Saïd mourut, et cet événement fournit au gouvernement britannique une occasion nouvelle de resserrer les liens qui réunissaient à la Grande-Bretagne l'État d'Oman. Cet État, qu'avait fait si puissant Seyd-Saïd, devint, à la mort de ce prince, le théâtre d'une guerre civile provoquée par les prétentions de ses trois fils. Au cours de ces luttes intestines, l'un de ces derniers ayant été massacré, les deux survivants, nommés Thowéini et Madjid, convinrent de prendre d'un commun accord le gouvernement britannique comme arbitre et médiateur, et ce fut lord Canning, vice-roi des Indes, qui régla définitivement en 1861 la délicate question de la succession de l'Oman. Il attribua Mascate et toute l'Arabie avec la partie de la côte persane dépendant de l'Oman à Thowéini, et Zanzibar avec l'Afrique à Madjid. Ce dernier était tenu en outre, de payer à son frère un tribut annuel de 20 000 couronnes, sous la garantie de l'Angleterre. Ainsi, par cet arbitrage et cette garantie pécuniaire, le gouvernement britannique ajouta aux relations d'amitié et d'alliance existant déjà une sorte de tutelle officieuse sur les deux États d'Oman et de Zanzibar. Il est vrai que le gouvernement de Napoléon III, redoutant de voir ces deux États tomber complètement sous la domination anglaise, et fort avisé en la circonstance, négocia avec le Foreign-Office en vue de définir la situation respective de la France et de l'Angleterre vis-à-vis des deux nouveaux États nés du partage de l'Oman. Ces négociations menées à Paris par M. Thouvenel, alors ministre des Affaires étrangères, et à Londres par lord Cowley, aboutirent le 20 mars 1862 à la conclusion d'un accord par lequel les deux gouvernements s'engageaient à respecter l'indépendance du sultanat de Mascate et du sultanat de Zanzibar. La signature de cette convention a été considérée comme un réel succès pour la diplomatie impériale. En effet, notre action à Mascate ne s'était guère manifestée jusqu'alors que par la conclusion d'un traité de commerce datant de 1846; nous n'avions aucun intérêt bien défini dans ces régions et nous ne pouvions motiver notre intervention diplomatique que par notre désir d'empêcher une trop grande extension de la puissance anglaise en Asie et en Afrique. D'autre part, la Grande-Bretagne avait acquis une situation prépondérante à Mascate.

Dans ces conditions, on se demandera peut-être comment le Foreign-Office put être amené à conclure un accord qui donnait à une tierce puissance le droit de s'opposer à l'annexion par l'Angleterre du sultanat de Mascate, et le fait serait difficilement explicable en effet, si on voulait l'apprécier avec les idées qui ont actuellement cours en matière coloniale, surtout en Angleterre, où la doctrine de l'impérialisme a fini par prévaloir. Mais telles n'étaient pas en 1862 les idées en faveur dans le monde des économistes anglais. Les doctrines de l'école de Manchester dominaient parmi eux et n'étaient pas sans avoir acquis un certain poids aux yeux du Foreign-Office : on cherchait avant tout à favoriser le développement économique et commercial de la métropole; on ne prisait une colonie qu'en raison des bénéfices que sa possession assurait au commerce; on ne voulait pas entendre parler d'annexions coloniales qui fussent coûteuses, et on entendait, même pour les colonies anciennes, ne dépenser ni un soldat ni un écu; c'était l'époque où l'on parlait de laisser à leur libre sort les Antilles anglaises, où l'on discutait l'opportunité d'évacuer les colonies de la côte occidentale d'Afrique, où lord Clarendon refusait pour l'Angleterre de participer à l'établissement d'un condominium à deux, proposé par le gouvernement de Napoléon III, sur Madagascar. Alors qu'on parlait d'abandonner des colonies anciennes, qu'était-il besoin d'annexer d'immenses territoires en Afrique et en Asie? Les États de Mascate et de Zanzibar avaient une ligne de côtes dispersées sur 4 000 kilomètres d'étendue; cette frange littorale était peu profonde; en arrière, était un pays alors à peu près inconnu, considéré comme désertique ou peu productif, habité par les populations les plus indépendantes, les plus belliqueuses, les plus fières de l'Islam. Quelles sources d'ennuis ne pouvait-il pas résulter pour le gouvernement de l'Inde de l'annexion de ces territoires? Dans quelles complications ne pouvait-on pas être entraîné? Ne serait-on pas obligé d'intervenir dans les querelles des populations de l'intérieur, de pénétrer toujours plus avant, d'être engagé dans des guerres sans fin? Ne serait-on pas amené enfin par la force des choses à abandonner les procédés tout pacifiques qui présidaient alors à la direction des affaires coloniales et à leur substituer une politique de violences, d'agressions et de conquêtes? Quel surcroît d'obligations militaires pour la métropole, quelles dépenses pour ses finances et pour celles de l'Inde!

Il n'entrait donc pas alors dans les vues de la politique britannique d'enlever leur indépendance aux États de Zanzibar et de Mascate. Exercer sur eux une sorte de suzeraineté morale, recueillir les bénéfices que lui assuraient des relations historiques et amicales remontant au commencement du siècle et la position géographique de l'Inde, se réserver la suprématie commerciale dans ces mers, lui suffisait. Elle recherchait les résultats de l'annexion sans avoir à en supporter les charges. La convention de 1862 n'était pas en contradiction avec ce programme. Il faut bien reconnaître aussi qu'elle avait un avantage fort sérieux pour l'Angleterre : elle était avant tout une mesure de précaution contre la France. Si, en effet, elle empêchait le gouvernement britannique d'annexer Mascate, elle empêchait en revanche le gouvernement français de procéder pour son compte à cette annexion : et, tandis qu'il restait loisible à l'Angleterre de consolider son influence dans cet État, il était interdit à la France de ruiner par une mainmise sur le pays le résultat de tout un siècle d'efforts laborieusement acquis. Pourvu qu'aucune atteinte ne fût portée à la souveraineté externe du sultan (et cela n'entrait pas dans les calculs du Foreign-Office), le gouvernement britannique pouvait se croire fondé à employer tous les moyens nécessaires à la poursuite de son œuvre de pénétration. Déjà il tenait le sultan de Mascate par les traités antérieurs, par les services rendus, par la garantie du paiement d'un tribut annuel; il allait pouvoir désormais, rassuré du côté de la France, suivre d'un œil attentif et vigilant les moindres incidents qui surgiraient et les faire tourner au profit de ses intérêts.

Aussi la convention de 1862 n'apporta-t-elle aucune entrave au développement de l'action du gouvernement britannique et à l'affirmation de sa suprématie, et l'on peut dire même que c'est depuis la signature de cette convention que la diplomatie anglaise a remporté à Mascate ses plus marquants succès. C'est ainsi qu'en 1873, le sultan de Zanzibar s'étant soustrait à l'obligation de payer le tribut annuel de 20 000 couronnes qu'il était tenu de verser au sultan de Mascate, sir Bartle Frere consentit à mettre cette subvention à la charge de l'Angleterre. Plus tard, le subside annuel fut porté à 40 000 couronnes, sous la condition que le sultan de Mascate remplirait fidèlement les engagements pris par traité et qu'il continuerait à observer une attitude amicale envers le gouvernement anglais. Comme preuve de cette bonne disposition, le sultan s'est engagé, en 1891, à n'aliéner à aucune puissance étrangère, sans la permission de l'Angleterre, une parcelle quelconque de son territoire. Ce traité, qui est resté secret jusqu'aux derniers incidents que nous allons avoir à relater, complète en quelque sorte la subordination du sultan de Mascate au gouvernement de l'Inde.

Aujourd'hui, le vrai maître de Mascate est l'agent politique anglais. C'est lui qui sert au sultan le montant de sa subvention, et ce dernier doit éviter de provoquer tout prétexte de mécontentement dont pourraient avoir à souffrir ses intérêts. Le consul britannique veille aussi à l'observation des traités antérieurs et intervient dans les démêlés qui peuvent surgir entre le sultan et ses sujets. C'est ainsi qu'en 1895, une insurrection ayant éclaté à Mascate, le sultan fut réinstallé par le consul, qui fit appel à la coopération des forces anglo-indiennes. Sous l'autorité que s'arroge le représentant de l'Angleterre, ce qu'on est convenu d'appeler la souveraineté interne du sultan devient de jour en jour plus restreinte. A Mascate, la poste est gardée par des soldats indiens et les timbres employés sont exclusivement britanniques. Tout dernièrement, le major Fargeas, résident britannique, révoquait de sa propre autorité un arrêté du sultan ordonnant l'uniformité des poids pour les balles de riz importées à Mascate et diminuait des deux tiers la taxe créée par ce souverain sur les concessionnaires indiens des pêcheries de Guador, l'enclave littorale de Mascate sur la côte du Béloutchistan. Les Anglais se considèrent comme chez eux dans l'Oman, et l'on comprend que lord Curzon, alors vice-roi des Indes, ayant voulu définir la situation du sultan de Mascate, ait pu écrire jadis comme publiciste : « Oman peut être à juste titre considéré comme une dépendance anglaise. Nous pensionnons son sultan. Nous lui dictons sa politique. Nous ne tolérerions aucune ingérence étrangère. Je ne doute guère moi-même que le jour viendra où, comme ces petits États s'écroulent devant les progrès de la civilisation, une prise de possession plus définitive nous sera commandée et l'Union Jack flottera aux yeux de tous sur le château de Mascate. »

Il importe d'ailleurs de remarquer que le sultanat de Mascate actuel est bien déchu du haut degré de puissance auquel il était parvenu sous le règne de Seyd-Saïd. Sa magnifique flotte n'est plus ; elle a été vendue en 1863 par Thowéini. Sybarite dans la vie privée, négligent dans la vie politique, ce prince laissa les chefs locaux administrer en son nom le royaume, et l'Oman est aujourd'hui moins un État qu'une agrégation de municipalités. Chaque ville, chaque village a son existence propre et un chef particulier dont le pouvoir est restreint seulement par les immunités de ses administrés et par les prérogatives de la cour. Quant au sultan, il se borne à nommer ou à déposer les chefs locaux, à régler les droits de douane, à signer les traités et à décider de la paix ou de la guerre. L'affaiblissement du pouvoir central a eu pour conséquence l'amoindrissement territorial de l'État. Non seulement le sultanat de Mascate a perdu ses anciennes possessions en Afrique, mais encore, en Asie, il a dû abandonner, de l'autre côté du golfe Persique, la côte iranienne jadis conquise sur la Perse, et de la côte du Béloutchistan il n'a gardé que le port de Guador.

Les îles du golfe Persique, Kischm, Laredj, Ormuz, Hendjam, Kaïs ont été également perdues pour lui, ainsi que Socotora et les îles Kourya-Mourya, à proximité du golfe d'Aden. Théoriquement, cet État s'étend encore sur la côte arabique depuis Mirbat jusqu'au Katar, mais, même là, le territoire qui en dépend se rétrécit de jour en jour. Sur la côte méridionale d'Arabie, l'autorité du sultan est en bien des points nominale ; sur la côte occidentale, elle n'est guère reconnue que jusqu'au cap Masandam, pointe avancée dans le détroit d'Ormuz; au delà, le littoral du golfe Persique formant l'ancienne Côte des Pirates se détache peu à peu de lui, et les Anglais ont pris pied en 1896 dans la presqu'île du Katar, à Zabara et à Wokra. Sans doute l'étendue des côtes qui composent l'Oman est encore considérable, près de deux mille kilomètres de long; mais la superficie totale de l'État n'est pas en rapport avec le développement du littoral; là où l'Oman s'avance le plus loin dans l'intérieur, sa largeur ne dépasse pas deux cent quarante kilomètres. Le pays est d'ailleurs, dans son ensemble, relativement pauvre. Le littoral proprement dit est aride; la chaîne de montagnes qui le borde présente bien de riches et fertiles vallées; mais, au delà, le territoire va se perdre dans une région sablonneuse, inculte, coupée d'oasis, vastes plaines de sables mobiles où le hardi Bédouin lui-même ose à peine s'aventurer. Aussi loin que le regard peut atteindre à l'horizon, pas une colline, pas une éminence, pas même un changement de nuance dans ces plaines sans fin, ne rompent l'uniformité de cette scène de désolation. L'Oman est un désert semé d'oasis dont la grande importance réside surtout dans ce fait qu'il domine et commande la route maritime de l'Inde par le golfe Persique et le golfe d'Aden.

CHAPITRE III

Établissement de l'influence anglaise à Kowéït et aux îles Bahréïn.

Au nord de l'Oman et jusque vers Kowéït et l'embouchure du Chatt-el-Arab, s'étend, sur la côte occidentale d'Arabie, le pays de l'Hasa; c'est la seule portion de cette côte où n'ait pu s'implanter l'influence anglaise; mais ici la situation locale n'a pas permis à la diplomatie britannique d'employer les méthodes de pénétration pacifique qui lui ont si bien réussi dans l'Oman. L'Hasa a été conquis, au commencement du XIXe siècle, par les Wahabites, tout comme l'Hedjaz et l'Oman; mais, moins heureux que les habitants de ces contrées, qui réussirent à se débarrasser des envahisseurs, les gens de l'Hasa continuèrent à subir le joug au cours du dernier siècle. Les Wahabites firent peser un régime d'oppression et de terreur sur ce pays, imposant à tous ses habitants les rigoureuses prescriptions de leur secte, proscrivant les soieries, le tabac, les liqueurs, déclarant la guerre au commerce, à l'agriculture, à l'industrie, enrôlant de force les notables pour leurs guerres lointaines et interdisant à tout chrétien dont ils avaient le nom en horreur l'accès de l'Hasa. El-Katif, la capitale du pays, devint leur arsenal maritime et se transforma en un nid de corsaires et de bandits qui portaient leurs déprédations sur les deux rives du golfe, bravant à la fois les forces de l'Oman, de Bahréïn, de la Perse et de la Turquie. La situation géographique de leur pays d'origine, non moins que leur fanatisme, permettait aux Wahabites toutes les audaces. Cantonnés dans un réduit inaccessible au centre de l'Arabie, dans le pâté montagneux du Nedjed qu'entoure et que défend une ceinture d'immenses espaces désertiques, nus, incultes, sans eau, composés de sables ou d'amas pierreux, sous un ciel de feu, les Wahabites avaient gardé leur sol vierge, à travers les siècles, de toute profanation étrangère. Ils se croyaient invincibles dans leurs repaires et en mesure de défier les attaques de n'importe quelle armée régulière.

Les armées égyptiennes, qui, au commencement du siècle, avaient arrêté leurs envahissements du côté de la Mecque et de Médine, n'avaient pu pénétrer jusqu'au fond du Nedjed, et, même après les défaites que leur fit subir Méhémet-Ali, ils n'en étaient pas moins restés une puissance redoutable et le peuple le plus puissant de l'Arabie. Avec d'aussi farouches sectaires, les Anglais ne pouvaient songer à renouer des relations analogues à celles qu'ils entretenaient avec le sultan de Mascate, et force leur fut de n'entrer en contact avec les Wahabites que pour donner la chasse à leurs boutres dans les eaux du golfe; mais, trop avisés et trop prudents pour se laisser entraîner à une expédition pénible et risquée à l'intérieur ou à une occupation de la côte qui eût pu être fatale à la santé des troupes laissées en garnison, ils n'eurent garde d'effectuer une opération de guerre en terre ferme. Ce fut à la Turquie, à défaut de l'Angleterre, qui ne voulut pas se fourvoyer dans le guêpier wahabite, qu'échut le rôle ingrat de se mesurer avec les conquérants de l'Hasa. En 1870, le gouvernement ottoman rêvait de faire passer ses prétentions de suzeraineté sur l'ensemble de l'Arabie restées jusqu'alors platoniques dans le domaine des réalités. Naturellement l'empire wahabite fut le premier État arabe qui, par sa situation à proximité de la Syrie et de la Mésopotamie, se trouva visé par les revendications de la Porte, et ordre fut donné au vali de Bagdad, alors Midhat-pacha, de prendre les dispositions nécessaires pour imposer au Nedjed la souveraineté ottomane. Ce dernier, en conformité de ses instructions, résolut de porter la guerre sur le seul point réellement vulnérable du territoire wahabite, c'est-à-dire la côte de l'Hasa, dont pouvait se rendre maîtresse une armée disciplinée et soutenue par une flotte, et, pour arriver à ses fins, s'adressa au cheïk de Kowéït, dont le concours était indispensable au succès de l'entreprise. On sera peut-être étonné qu'une puissance disposant de forces aussi considérables que la Turquie ait eu besoin de recourir à l'aide du chef du petit État de Kowéït pour venir à bout des Wahabites; mais c'est bien ici le cas de faire remarquer que l'importance d'un État ne doit pas se mesurer toujours uniquement au chiffre de sa population et à l'étendue de sa surface. Kowéït est un État minuscule et sa population n'excède pas trente mille habitants, mais sa position entre le Nedjed et les possessions turques de Bassora fait de son territoire le passage obligé d'une armée ottomane se dirigeant par terre de Bagdad vers l'Hasa et le Nedjed. De plus, le port de Kowéït est une excellente base d'opération maritime et le cheïk de cet État était en mesure de fournir aux troupes turques les bateaux de transport nécessaires à leur débarquement sur le littoral de l'Hasa, en même temps que des équipages d'une valeur hors ligne. Les marins de Kowéït, en effet, se distinguent entre tous ceux du golfe Persique par leur audace, leur adresse et la fidélité aux engagements contractés. Grâce au concours que leur prêtèrent les gens de Kowéït, les troupes turques purent attaquer, en 1871, l'Hasa par terre et par mer, s'emparèrent d'El-Katif et firent flotter le pavillon turc sur toutes les villes du littoral. Le gouverneur nommé par les Wahabites dut prendre la fuite, et l'Hasa est devenu depuis une dépendance du vilayet de Bassora. La Porte n'oublia pas d'ailleurs les services rendus, et, en reconnaissance de l'appui prêté, abandonna aux habitants de Kowéït une zone de palmeraie de soixante kilomètres d'étendue le long du Chatt-el-Arab, au midi de Bassora. Le cheïk de Kowéït reçut, à l'occasion de cette donation, le titre de kaïmakan et divers cadeaux, signes d'investiture de la concession territoriale accordée.

Mais, si l'Angleterre n'a pu placer sous son influence l'Hasa comme elle y a placé l'Oman, elle a pu en revanche faire graviter dans l'orbite de l'empire des Indes, l'État de Kowéït même. Pendant tout le cours du XIXᵉ siècle, les chefs de ce petit État, tantôt s'appuyant sur les Wahabites pour résister aux Turcs, tantôt s'appuyant sur les Turcs pour s'opposer aux entreprises des Wahabites, avaient réussi par une habile politique à maintenir leur indépendance vis-à-vis de leurs deux puissants voisins. Ils avaient également déjoué toutes les tentatives de la Perse. Ils vivaient ainsi heureux en une sorte de petite république sous l'autorité purement patriarcale de leur cheïk. Leur État n'avait cessé de croître depuis le commencement du siècle en population et surtout en richesse. La bonté du climat, la sécheresse du sol, par-dessus tout le caractère paternel et tolérant de son gouvernement attiraient sur son territoire les tribus voisines qui désiraient repos et sécurité et aussi les gens de Bassora fuyant leurs marais pestilentiels ou les exactions du gouvernement turc. D'un autre côté, le gouvernement britannique, qui, au commencement du siècle, avait cherché à placer cet État sous son influence et qui y avait installé en 1820 un résident, n'avait pas persisté dans ses visées. Pendant de longues années même, le gouvernement des Indes attacha d'autant moins d'importance à la possession de ce port que le célèbre voyageur Lowet Cameron, chargé d'étudier le tracé du futur chemin de fer de Londres à Bombay par le golfe Persique, avait déconseillé à ses compatriotes de faire de Kowéït l'emplacement de la gare terminus de ce chemin de fer, sous prétexte que cette ville n'était pas à l'embouchure de l'Euphrate. Mais des faits récents, au nombre desquels il faut citer le prolongement du chemin de fer de Koniah à Bagdad, ont éveillé à nouveau les inquiétudes britanniques. Alléguant que « la suprématie britannique dans le golfe Persique est indispensable à la sécurité du régime britannique dans l'Inde », lord Curzon s'est empressé de resserrer ses rapports avec Moubarek, le cheïk placé en ce moment à la tête du petit État. Tout d'abord, et sous son inspiration, la Compagnie de navigation

British India a fait de Kowéït une de ses escales, puis un véritable traité de protectorat a été conclu, il y a six ans, entre le gouvernement britannique et Moubarek. L'Angleterre a promis sa protection au cheïk et à la république de Kowéït et s'est engagée à les défendre contre toutes les prétentions et revendications étrangères. A son tour, le cheïk de Kowéït a cédé au gouvernement de l'Inde un port d'une réelle valeur. Ce port est situé, d'après des renseignements pris sur place, à vingt kilomètres de Kowéït dans la direction Est-Nord-Est, au pays des Beni-Lam, et est admirablement placé, non loin de l'embouchure du Chatt-el-Arab, qu'il commande. A cet endroit, les fonds de plus de dix mètres sont à peine distants de quelques cents mètres du littoral. C'est le véritable havre marin de l'Euphrate. En même temps, Moubarek concédait à l'Angleterre des privilèges douaniers considérables à Kowéït même et dans le port de Kassina, dépendant de ses États. Il acceptait auprès de lui la présence d'un agent consulaire et consentait à ce qu'un pavillon anglais flottât à l'entrée du port, avec cette indication que ce drapeau avait été placé là par ordre de Moubarek et que serait sévèrement puni quiconque tenterait de l'enlever. Le cheïk de Kowéït est devenu ainsi l'allié, le protégé et le client de l'Angleterre.

Sur les îles qui bordent la côte orientale de l'Arabie, l'hégémonie anglaise s'est affirmée comme

sur le littoral. Ces îles sont extrêmement nombreuses. La vaste baie semi-circulaire comprise
entre la péninsule du cap Masandam et la pointe
de Katar en est toute parsemée et en a pris le nom
de Bahr-el-Benat, « la Mer aux Filles ». A l'ouest
du Katar, le golfe de Bahréïn est également rempli
d'îles, dont la plus grande est connue sous le nom
d'île Bahréïn. La principale occupation de ces insulaires est la pêche des perles, à laquelle prennent
part aussi les riverains de presque toute la côte
arabe du bassin persique. Dans le seul archipel de
Bahréïn, environ cinquante mille marins s'occupent
de pêcher les huîtres perlières, et, sur tout le littoral compris entre Kowéït et la Côte des Pirates,
non loin du détroit d'Ormuz, des stations secon-
daires sont établies dans le voisinage des bancs.
Bien que d'anciens usages, origine du droit, règlent
entre les intéressés la répartition des bénéfices de
la pêche, des conflits s'élèvent souvent entre les
pêcheurs. Jadis les tribus arabes de la Côte des
Pirates qui vivent sur le continent en face des îles
se mêlaient volontiers à ces querelles, et, sous prétexte d'appuyer l'un ou l'autre parti, dépouillaient
les pêcheurs du fruit de leurs peines. C'étaient des
luttes sans fin et des pillages sans cesse renouvelés.
De 1843 à 1856, le gouvernement de l'Inde réussit
à conclure avec les chefs arabes, tant insulaires
que pirates de la côte, une série d'accords par lesquels tous s'engageaient à ne plus exercer la pira-

terie, à ne plus vider leurs querelles sur mer, à ne
plus importer d'esclaves et à soumettre au résident
britannique les contestations qui pouvaient s'élever
entre eux, soit au point de vue économique, soit
au point de vue politique. Cette haute tutelle officieuse ne tarda pas à se changer en protectorat
effectif. En 1870, des difficultés s'étant élevées
entre le cheïk des îles Bahréïn et un compétiteur,
le gouvernement de l'Inde prit la défense du cheïk,
déporta son rival dans l'Inde et imposa officiellement son protectorat sur ce groupe d'îles. L'acquisition est d'importance. Les îles Bahréïn contras-
tent par leur sol fertile et leur aspect verdoyant
avec les îles arides et nues de Kischm, d'Ormuz,
de Laredj et d'Hendjam, que les Anglais ont dû
abandonner au cours du dernier siècle. Grâce à des
sources nombreuses, les palmiers y abondent et à
leurs pieds s'étendent à perte de vue des champs
de froment, de luzernes et de légumes : le pays est
un immense jardin que cultive une population de
cinquante mille agriculteurs. Sa capitale, Ménamah,
est le centre du commerce des perles et de la nacre.
Près de quinze cents bateaux appartiennent à son
port, qui sert en outre de rendez-vous à trois ou
quatre mille embarcations. Le cheïk de Bahréïn,
auquel tout marchand de perles, tout maître d'em-
barcation, tout plongeur doit l'impôt, est un des
riches potentats de l'Orient. Aussi la Turquie, la
Perse, l'Oman, le royaume wahabite, se disputaient

l'avantage de compter cet opulent personnage parmi leurs vassaux. C'est le gouvernement de l'Inde qui, en jouant le rôle du larron de la fable, les mit tous d'accord.

Aujourd'hui Ménamah est devenu la résidence de l'agent politique anglais, qui juge lui-même les différends s'élevant entre les pêcheurs de perles et qui dispose d'une flottille pour maintenir l'ordre parmi eux. Dans ces derniers temps, le rayon d'action de ce résident s'est encore étendu. Des actes de piraterie ayant été commis par des habitants de la presqu'île de Katar, le résident anglais, après avoir fait bombarder les ports de Zabara et de Wokra, a imposé le protectorat de l'Angleterre à cette région. Cet acte peut être considéré comme le premier pas dans la voie de la prise de possession effective par l'Angleterre de la côte orientale d'Arabie. La mainmise par l'Angleterre sur certaines îles voisines de la côte arabique, et notamment sur l'île Abou-Moussa, à cinquante kilomètres au nord de l'île d'Ormuz, n'a pas tardé à suivre, et, à la suite du voyage de lord Curzon, alors vice-roi des Indes, le littoral de la Côte des Pirates a été placé, par des traités encore plus étroits, sous l'influence anglaise.

CHAPITRE IV

L'extension du protectorat anglais
sur l'Arabie Méridionale.

Nous avons vu que l'État d'Oman, dans les limites qu'on s'accorde à lui reconnaître actuellement, s'arrête sur la côte méridionale d'Arabie au cap Mirbàt. Au delà, vers l'ouest, et lui faisant suite jusqu'aux possessions turques de l'Yémen, se développe, sur une longueur de 800 kilomètres environ, une zone littorale qui borde l'océan Indien. C'est l'Hadramaout. Cette côte se distingue par une grande uniformité d'aspect et de relief. C'est, à partir de la mer, un amoncellement de buttes et de hauteurs volcaniques isolées, s'élevant graduellement en terrasses jusqu'à un plateau calcaire, lequel va s'inclinant au nord, c'est-à-dire vers le désert, où il se termine brusquement par une muraille de 300 mètres de haut, véritable falaise dont le pic s'enfonce dans une mer de sables. Du désert à la mer, cette côte montueuse a une largeur de 150 kilomètres.

Elle est inhospitalière à l'Européen. Située sous l'équateur thermique, comme le littoral du golfe Persique, elle a un climat caractérisé par un soleil dévorant; aucune facilité d'accès à l'intérieur, aucune rivière navigable; pas d'arrière-pays qui puisse fournir des aliments au commerce extérieur. C'est un des pays les plus déshérités du globe. Les seules parties susceptibles de culture sont, dans l'intérieur, des bandes étroites de terrain d'alluvion dans les ravins. Dans ces endroits privilégiés, trop rares, vit une population rude, vigoureuse, à demi sauvage, prompte aux coups, aimant le pillage, se pliant difficilement à une autorité quelconque, ayant les qualités, mais aussi les défauts de la race arabe. Si l'Hadramaout n'avait pour lui que la valeur propre du sol, que son climat et que ses produits, il n'aurait jamais attiré les conquérants et les envahisseurs. Mais cette côte de l'Arabie Méridionale est sur la route qui mène de l'Europe aux Indes par la mer Rouge. Le maître de cette côte peut surveiller tout le mouvement du commerce maritime international dans l'océan Indien, défendre les abords du golfe d'Aden, commander la route maritime des Indes par la mer Rouge, et cette position géographique ne pouvait manquer d'attirer les convoitises des maîtres européens de l'Inde, qui ont considéré la possession de l'Arabie

Méridionale comme le complément nécessaire de la possession de l'Hindoustan. Déjà, au XVIe siècle, les Portugais s'étaient établis à Aden, comme ils s'étaient établis à Mascate et à Ormuz, et ils ne quittèrent le pays que lors de la décadence de leur domination dans l'Inde.

Au commencement du XIXe siècle, les Anglais avaient occupé Périm. Forcés d'évacuer cette île, en raison de l'insalubrité du climat, comme ils durent évacuer les îles du golfe Persique, ils cherchaient un endroit pouvant servir de point de relâche et de station de ravitaillement pour leurs escadres, quand le capitaine Haines, qui relevait, en 1834, l'hydrographie de la côte méridionale de l'Arabie, signala le port d'Aden. Certes, il est impossible d'imaginer sous un soleil dévorant rien de plus nu, de plus aride que les plages avoisinantes : ni fruits, ni sources, pas d'eau potable. Mais les avantages de la position au point de vue maritime sont incomparables. La baie est spacieuse, limitée à l'est et à l'ouest par deux presqu'îles rocheuses, dont l'une, nommée le cap d'Aden, dressant ses pics semblables à des tours et surplombant la plage d'une hauteur de plus de 500 mètres, rappelle par ses escarpements le rocher de Gibraltar. La beauté et l'excellence de sa rade, la force de ses défenses naturelles, sa situation près de l'entrée de la mer Rouge, à mi-chemin de Suez à Bombay, font d'Aden une station de premier ordre et comme

point commercial et comme point militaire. « Aden
a une importance maritime supérieure, disait dans
son rapport le capitaine Haines, et cette supériorité, elle la doit à ses excellents ports qui sont
situés à l'est et à l'ouest. Cette station offre à la
fois un abri aux flottes et un facile accès dans les
provinces de l'Yémen et de l'Hadramaout. C'est
une forteresse imprenable. De tels avantages sont
trop évidents pour qu'il soit besoin d'insister. » Il
n'y eut pas lieu d'insister, en effet. En 1839, sous
prétexte de venger des actes de piraterie, les
Anglais enlevaient Aden d'assaut, et le sultan de
Lahedj devait céder ce port contre une pension
annuelle payée par le gouvernement de l'Inde.
Leur ambition, satisfaite de s'être assuré par l'occupation d'Aden tous les profits du commerce avec
l'Yémen et l'Hadramaout, aurait pu se borner pour
un temps assez long à la possession de cette station, si l'imminence de l'ouverture du canal de
Suez ne fût venue les décider à étendre leur action
dans ces parages.

Déjà, l'Angleterre possédait sur la côte méridionale d'Arabie les îles de Kourya-Mourya, que lui
avait cédées, en 1854, le sultan de Mascate; l'îlot de
Périm, déjà occupé à deux reprises au commencement du siècle et abandonné, fut occupé pour la
troisième fois en 1859 et d'une manière définitive;
puis, quand le canal fut ouvert, le gouvernement
britannique ne songea à rien moins qu'à annexer

l'Hadramaout. L'année même de l'ouverture du canal de Suez, en 1869, eut lieu la cession de Lahedj par Abd-el-Merzen, dont les possessions s'étendaient d'Aden au Djebel Korzaz, c'est-à-dire à la frontière orientale du territoire des Akhemis, possesseurs de Cheïk-Saïd. La pénétration britannique se fit à la fois, dans le rayon immédiat d'Aden, sur le littoral et à l'intérieur. La colonie s'agrandit par des achats faits aux petits chefs du voisinage et aussi par intimidation. Grâce aux thalaris, les petits chefs des environs d'Aden devinrent des agents dociles de la Grande-Bretagne. L'organisation politique de l'Hadramaout favorisait singulièrement les vues annexionnistes de la politique britannique. Des frontières de l'Yémen à l'État d'Oman, cette partie de l'Arabie n'est pas constituée en un État unique et distinct. Les habitants, qui y sont divisés, comme en maint pays arabe, en nomades et en sédentaires, appartiennent bien à la même race et parlent bien le même dialecte; mais les nomades y vivent groupés en tribus, sans cohésion entre elles, ayant chacune son chef respectif. D'autre part, les villes et les villages qui ont des rapports de trafic avec le dehors ont aussi leurs cheïks et leurs sultans. Nulle part, une autorité hiérarchique régulière. Le plus puissant de ces cheïks est celui de Kéchin, ville maritime du Mahra. Cet État s'étend, à l'est, vers l'Oman, jusqu'au golfe de Kourya-Mourya, à l'ouest jusqu'à Makalla, localité située à l'entrée orientale du golfe d'Aden, avec un développement de côtes d'environ 600 kilomètres. Dans toute cette étendue, chaque cheïk de village reconnait la suprématie du sultan de Kéchin, mais l'autorité réelle de ce dernier est subordonnée aux moyens matériels qu'il a de l'imposer. Au delà de Makalla et jusqu'à Aden, il n'y a que des cheïks vivant à l'état isolé et indépendant. On conçoit quelle anarchie régnait sur cette côte et quels conflits s'y succédaient.

La Turquie regardait bien l'Hadramaout comme compris dans les limites de sa domination, mais cette prétention restait plutôt à l'état théorique et aucune action extérieure ne venait l'appuyer; en réalité, ces États pouvaient être considérés comme indépendants. Toutefois, pour mettre sans doute tous les droits de son côté, le gouvernement britannique commença par engager avec la Porte des négociations : elles aboutirent à son entière satisfaction. En 1873, la Turquie reconnut officiellement à l'Angleterre la possession de neuf territoires arabes qui s'étendent du mont Zey au sud-est de Moka et servent de limite nord-est au territoire des Akhemis jusqu'à la frontière du sultanat d'Oman. C'était tout l'Hadramaout, moins la pointe de Cheïk-Saïd, qui, d'après les Livres Bleus publiés à cette époque, était ainsi dévolu à l'Angleterre. Tout aussitôt, le gouvernement britannique, fort de l'adhésion de la Turquie, s'empressa de traiter avec les chefs locaux. En 1875, le sultan de Kéchin accepta le protectorat anglais moyennant une pension annuelle. L'exemple du sultan de Kéchin fut imité par celui de Makalla, et, par des traités conclus en 1888 et depuis, les Fadsli, les Aulaki, les Wahidi, les Jamada et les Shukaïr, ainsi que les autres tribus situées le long de la côte méridionale d'Arabie, se placèrent d'elles-mêmes sous le protectorat britannique[1]. L'île de Socotora fut déclarée possession anglaise en 1886.

Tous ces petits sultans de l'Hadramaout ont bien gardé titre, cérémonial, simulacre d'indépendance, mais, pensionnés par la Grande-Bretagne, ils ne sont, en réalité, à l'heure actuelle, que ses humbles vassaux. Un nouvel accord avec la Turquie est venu tout récemment sanctionner cet état de choses. Le 20 mars 1903, un iradé du Sultan, mettant fin à des contestations de frontières entre l'Yémen et les possessions britanniques de l'Arabie Méridionale, a reconnu à nouveau à l'Angleterre la possession des neuf petits États de l'Hadramaout, plus une bande de territoire de 2 kilomètres au sud de Moka, à laquelle, depuis longtemps, le gouvernement de l'Inde attache une grande importance, et a réglé le *modus operandi* pour l'hinterland d'Aden resté jusqu'alors en suspens.

Après ce dernier accord, si l'on veut résumer la

1. *The Red Sea and Gulf of Aden*, Pilot, 1900, ch. VIII, p. 353, édité par l'Amirauté britannique.

situation acquise par la Grande-Bretagne depuis un siècle en Arabie, on peut dire que, sur toute la côte méridionale et toute la côte orientale d'Arabie, depuis la limite orientale du territoire de Cheïk-Saïd jusqu'aux approches du Chatt-el-Arab, la province turque de l'Hasa étant toutefois exceptée, l'Angleterre a acquis une position prépondérante, et que tout ce pays a accepté le protectorat officiel de l'Angleterre ou bien est placé sous son influence morale. Il y a lieu de faire ressortir ce résultat d'autant plus qu'il a été obtenu sans expédition militaire, sans dépenses, sans aucunes vexations ni tracasseries causées aux indigènes. C'est un des plus beaux triomphes qu'on puisse citer de la méthode d'expansion coloniale pacifique, méthode qui consiste à ménager souverains et peuples indigènes, à s'efforcer de gagner les bonnes grâces des premiers par des subsides et de s'assurer l'attachement des autres par des mesures d'ordre et de pacification, et qui donne tous les résultats de l'annexion sans les inconvénients et les charges de la conquête. Nous allons voir quels avantages la Russie et l'Angleterre ont obtenus en appliquant la même méthode sur la rive orientale du golfe Persique, en Perse et au Béloutchistan.

II

LES ANGLAIS ET LES RUSSES EN PERSE

———

CHAPITRE V

La conquête économique de la Perse Méridionale.

Les mêmes inquiétudes et les mêmes craintes qui, au commencement du xixᵉ siècle, furent le point de départ de l'action de l'Angleterre sur la côte occidentale du golfe Persique et du golfe d'Oman l'amenèrent également à comprendre dans sa sphère d'attraction la rive orientale des deux golfes. Il ne suffisait pas en effet à la politique du gouvernement britannique de réunir dans un système d'alliance contre les entreprises de Napoléon les divers sultans d'Arabie et de garder les passages de la voie maritime de la mer Rouge et du golfe Persique, il fallait joindre à la coalition les États dont le territoire commandant la rive orientale du bassin persique pouvait être emprunté comme lieu de passage par une armée venue de l'Ouest. Le danger d'une attaque sur l'Inde pouvait en effet provenir aussi bien d'une marche de l'armée française par la voie terrestre à travers les régions qui s'étendent de l'Euphrate à l'Indus, que d'une expédition par la voie de la mer Rouge ou de la mer Persique. Aussi le gouvernement britannique chercha-t-il à cette époque à associer à sa politique les États situés sur la rive orientale du golfe Persique et du golfe d'Oman, et tandis qu'il installait un résident à Mascate, un autre à Bassora et qu'il nouait des relations d'amitié avec Kowéït, il résolut de s'assurer l'alliance de la Perse et des chefs du Béloutchistan.

Déjà le gouvernement français, prenant les devants, avait fait partir en 1796 pour la Perse la mission du naturaliste Olivier; à cet envoi le gouvernement britannique répondit par la mission de John Malcolm, qui fut assez heureux pour obtenir en 1801 de la cour de Téhéran un traité d'alliance perpétuelle contre la France; mais ce succès fut éphémère. La renommée de Bonaparte et la crainte des armées françaises dont la gloire emplissait le monde et frappait d'admiration l'Orient, l'emporta sur l'or et les efforts des Anglais. Le chah qui régnait alors, Feth Ali, déchirant de son propre mouvement le traité tout récent encore que lui avait dicté John Malcolm, écrivit de sa main au Premier Consul pour lui demander son alliance et son amitié. Avant de répondre à cette ouverture par une ambassade officielle, Napoléon voulut qu'un agent de confiance allât en Perse prendre des informations plus précises. Le comte Joubert fut choisi pour cette mission délicate, qui occupa les années 1805 et 1806, et qui fut suivie en 1807 de l'ambassade du général Gardanne, accompagné pour la circonstance d'un personnel choisi d'officiers et d'ingénieurs. Malheureusement la conclusion du traité de Tilsitt, en faisant de la France l'alliée de la Russie, alors ennemie de la Perse, vint rompre les négociations, Le général Gardanne dut partir, et l'Angleterre, qui avait désormais le champ libre devant elle, se hâta de profiter des nouvelles dispositions du chah pour envoyer à la cour de Téhéran la mission de sir Gore Ouseley, en même temps qu'elle chargeait le lieutenant Pottinger et les capitaines Grant et Christie d'explorer le sud de la Perse et le Béloutchistan.

La chute de Napoléon vint bien débarrasser l'Angleterre de tout souci du côté de la France, mais ce fut pour la mettre en présence d'un rival plus redoutable encore, la Russie, parce que cette dernière puissance est à portée, par son voisinage et par les forces et les ressources dont elle dispose, d'exercer une action énergique sur la Perse. Vers le commencement du XIXe siècle, la politique des tsars cherchait, elle aussi, à ouvrir à l'influence russe cet Etat, et employait, pour y parvenir, le seul procédé qu'elle connût alors, la méthode de coercition et de conquête. Les luttes entre la Russie et la Perse étaient fréquentes, et celle-ci devait payer chaque fois les frais de la guerre par des pertes de territoire et des contributions d'argent; lambeaux par lambeaux les tsars arrachaient aux souverains persans des fragments de leur domaine. En vain, le fondateur de la dynastie actuelle, Agha Mohammed, avait-il transporté la cour d'Ispahan à Téhéran d'où il se croyait plus à même de surveiller la Russie, lui-même devait céder en 1797 la partie du Daghestan au nord du Kour; en 1813 Feth Ali perdit le reste du Daghestan et le Chirwan; en 1828, les khanats d'Erivan et de Nakhitchewan furent également enlevés à la Perse, qui dut encore payer une forte contribution d'argent. Après chaque guerre, le chah se trouvait de moins en moins maître d'orienter sa politique dans un sens défavorable aux intérêts russes, et il était à craindre que la Perse ne tombât complètement sous l'influence ou la domination de la Russie, quand l'Angleterre, craignant de voir sa rivale devenir maîtresse de la côte de l'Iran et dominer l'entrée du détroit d'Ormuz, réussit à conclure en 1834 avec la Russie un accord par lequel les deux puissances contractantes s'engageaient à maintenir la Perse comme État indépendant. Alors assuré qu'aucun coup de force, qu'aucune surprise extérieure ne viendraient porter atteinte à la situation politique de la Perse, le gouvernement britannique se mit à entreprendre la conquête économique du pays, en faisant porter ses efforts surtout sur les régions de la Perse qui étaient le plus accessibles à son action et dont la possession importait le plus à la défense de l'Inde, c'est-à-dire sur la Perse Méridionale qui touche au golfe Persique et à la mer d'Oman. C'est ainsi qu'en 1835, un an seulement après l'arrangement anglo-russe, le gouvernement britannique se fit reconnaître le droit de visite sur les navires persans. Dans le même ordre d'idées fut décidée l'expédition anglaise de l'Euphrate qui, sous la conduite du colonel Chesnay, remonta, en 1836, le cours du Karoun, affluent de ce fleuve, reconnaissance qui fut renouvelée plus tard par le lieutenant Selby. Le major Rawlinson, de 1836 à 1838, explora les parties septentrionales et découvrit la célèbre inscription cunéiforme de Bahistoun tracée sur le rocher au temps du premier Darius, et où le texte est répété dans les trois langues principales de l'ancien empire Achéménide. Cinq ans plus tard fut constituée la fameuse commission d'arbitrage, connue sous le nom de commission des limites, mi-partie anglaise, mi-partie russe, laquelle, chargée de fixer les points en litige de la frontière turco-persane, source de contestations perpétuelles, apporta un contingent précieux à l'étude du sud-ouest de l'Iran. En même temps l'activité inlassable de l'Angleterre se portait sur les États limitrophes qui s'interposaient entre la Perse et l'Inde : l'Afghanistan et le Béloutchistan. C'est à cette époque que remonte la première expédition anglaise dans l'Afghanistan et l'installation d'un résident anglais à Kaboul. L'armée anglaise fut anéantie, il est vrai, le résident massacré, et l'Afghanistan recouvra son indépendance, mais il en fut autrement pour le Béloutchistan. Un petit corps d'armée de 1 260 hommes ayant fait son apparition devant Kélat, la capitale du pays, le souverain baloutche signa un traité par lequel il dut se déclarer vassal soumis, jurer de se laisser toujours guider par les bons offices de l'agent politique anglais résidant à sa cour, concéder au gouvernement britannique le droit de placer des garnisons dans toutes les villes du Béloutchistan où il serait jugé convenable, promettre sa coopération subordonnée en toute circonstance, enfin accepter le subside annuel qui le transformait en un simple fonctionnaire de l'État voisin.

Ainsi le Béloutchistan perdit son indépendance et gravita désormais dans l'orbite de l'empire indien et, comme conséquence, les limites de cet empire furent reportées des bords de l'Indus à la frontière persane, englobant ainsi tout le littoral baloutche sur le golfe d'Oman, jusqu'à l'embouchure de la rivière Dacht.

A la même époque, la plus grande partie du littoral persan lui-même tomba aux mains d'un prince soumis à l'influence anglaise. Seyd-Said, sultan de Mascate, ayant déclaré la guerre au chah, s'empara des îles d'Ormuz, de Laredj, de Kischm et d'Hendjam, occupa les ports de Bender-Abbas et de Lindje et conquit toute la côte persane sur une étendue de 800 kilomètres depuis l'embouchure de la rivière Dacht jusqu'au cap Bostonnah. Pour comble de malheur la Perse vit, à la même époque, une autre fraction importante de la côte persique, du cap Bostonnah à la pointe de Nabend, se soustraire à sa domination. Une colonie d'Arabes du Nedjed, venue au courant du siècle à la suite de l'extension de l'empire wahabite s'établir sur la côte orientale du golfe, profita de sa faiblesse et des embarras du chah pour refuser de reconnaître son autorité et se plaça sous la souveraineté du sultan arabe du Nedjed. Il ne resta plus alors à la Perse que la faible étendue de côtes comprise entre la pointe du Nabend et l'embouchure du Chatt-el-Arab. Encore quelques années plus tard faillit-elle la perdre et fut-elle sur le point de se voir privée de tout accès à la mer. En 1857, le chah et l'émir d'Afghanistan étaient en lutte pour la possession d'Hérat, et les troupes persanes assiégeaient la ville que défendaient les troupes de l'émir appuyé par le gouvernement anglo-indien. Pour opérer une diversion, la flotte britannique vint faire une démonstration dans le golfe Persique et attaquer la partie du littoral dépendant encore de la Perse. La ville de Mohammerah, sur le fleuve Karoun, fut bombardée, l'île de Kharag occupée; un corps de troupes anglo-indiennes débarqua dans la presqu'île de Réchire et s'empara de Bender-Bouchire. A ce moment, il eût été possible à l'Angleterre de porter les dépendances de l'Inde de la rivière Dacht à l'Euphrate et de clore ainsi à son profit la question du golfe Persique. La Russie, qui sortait affaiblie de la guerre de Crimée et qui entendait pratiquer une politique de recueillement, ne se fût pas jetée sans doute dans une nouvelle aventure pour empêcher l'occupation permanente de Bouchire. Cependant le Foreign-Office, craignant que l'occupation du littoral persique ne fût onéreuse pour les finances de l'Inde et ne devînt par la suite une source de complications, ne le fit point et, à la paix, restitua à la Perse les îles du golfe ainsi que Mohammerah et Bouchire. Ici encore nous devons relever dans l'histoire coloniale de l'Angleterre au xixe siècle une nouvelle application des doctrines de l'École de Manchester, hostile à toute extension coloniale considérée comme pouvant causer plus d'ennuis que rapporter de profits.

L'occasion perdue ne s'est plus retrouvée depuis, et même à partir de cette époque, des modifications territoriales se sont produites sur la côte orientale du golfe Persique, lesquelles ont été plutôt défa-

vorables aux intérêts anglais. En effet, la partie
de cette côte qui obéissait à son fidèle allié le sultan
de Mascate et qu'on pouvait à ce titre considérer
comme entrée en quelque sorte dans la sphère d'influence anglaise, a depuis 1857 changé de maître.
Sous la domination de l'Oman, cet ancien territoire persan était parvenu à un haut degré de
prospérité. Grâce à la politique tolérante et libérale
de l'Oman, qui avait remplacé l'esprit étroit de
l'ancienne administration persane, un grand nombre
de commerçants étrangers, partis non seulement
de Bahréïn, de l'Hasa, de Bassora, mais des contrées plus lointaines de l'Hindoustan et du Béloutchistan, étaient venus s'y fixer. Bender-Abbas était
devenu un entrepôt commercial considérable. Lindje
déclaré port libre et exempté de toute exaction
douanière vit son importance s'accroître à un point
tel que l'étendue qu'elle avait sous l'administration
persane quadrupla. Du côté de la terre arrivaient
dans ces ports les marchandises de Schiraz et
d'Ispahan, d'Hérat, du Khorassan et de la Tartarie; du côté de la mer les articles du Caire, de
Zanzibar et de Bombay; on rencontrait dans les
rues des matelots de tous pays. Palgrave, qui visita
la contrée en 1863, fut frappé de la quantité de
bâtiments de toutes sortes : schooners, cutters,
boutres, vaisseaux marchands, bateaux de pêche,
qui remplissaient ces ports. Malgré l'éloignement
de ces villes séparées du reste de l'Oman par la

nappe d'eau du golfe Persique et isolées en pleine terre persane, les sultans de Mascate n'avaient pas élevé de fortifications ni placé de garnison pour y maintenir leur autorité contre les entreprises de la Perse : l'attachement des habitants et la marine de l'Oman suffisaient. « Mes meilleures fortifications contre les ennemis sont les murailles de bois », disait Seyd-Saïd, faisant allusion à ses vaisseaux. Mais après la scission de l'empire d'Oman et surtout après la vente de la flotte par Thoweyni, cet État ne put plus conserver ses précieuses acquisitions de la côte iranienne. La Perse reprit avec Lindje et Bender-Abbas toutes les villes de la rive orientale du golfe, depuis la frontière maritime du Béloutchistan jusqu'au cap Bostonnah. Les îles situées dans le golfe furent également enlevées à la faiblesse de l'Oman. Seules, de toutes ses anciennes possessions de la rive orientale, les villes de Djask et de Guador restèrent au sultan de Mascate.

Rentrée en possession de la côte qui était tombée au pouvoir de l'Oman, la Perse eut également le bonheur de reprendre cette autre partie de son littoral, du cap Bostonnah au cap Nabend, qu'avaient conquise les Wahabites du Nedjed, et de la sorte fut remis sous sa domination tout le littoral depuis la frontière du Béloutchistan jusqu'à l'embouchure du Chatt-el-Arab. Ce littoral est resté depuis persan. Mais si l'Angleterre n'a pas su ou voulu se rendre en temps opportun la maîtresse politique de toute la côte orientale du golfe Persique, elle n'a du moins rien négligé, il faut le reconnaître, pour faire la conquête économique de la région ; elle s'est efforcée d'atteindre ce but avec une ténacité qui n'a jamais faibli et une vigilance sans cesse en éveil, et l'on pourrait même dire que dans l'œuvre de l'annexion économique, elle est plus avancée sur la côte de l'Iran que sur la côte d'Arabie. Tout d'abord elle a commencé par rattacher la côte méridionale de la Perse à l'Inde par une ligne de câbles sous-marins, qui touche à Guador, Djask, Bender-Abbas, Lindje, Bouchire. Dans ces villes, la station télégraphique est comme une ville à part, pourvue de son personnel et de ses moyens de défense ; les murailles sont percées de meurtrières et les râteliers pleins d'armes ; des détachements de troupes protègent en outre le personnel et assurent sa sécurité. Dans l'intérieur de la Perse, diverses lignes télégraphiques terrestres sont aussi entre des mains anglaises. C'est ainsi que le réseau entre Bouchire et Téhéran appartient à l'*Indo-European Telegraph Company* ainsi que celui qui va de Téhéran à Djoulfa sur la frontière russe de l'Aderbaidjan et celui qui existe entre Téhéran et Méched.

En 1902, une nouvelle convention anglo-persane vient d'être conclue pour l'établissement d'un réseau télégraphique entre l'Europe et l'Inde. Aux termes de cette convention, la Perse doit construire sous la direction des Anglais, une triple ligne télégraphique de Kachan, au midi de Téhéran, à la frontière du Béloutchistan par Yezd et Kirman. Les frais d'établissement, les réparations et les appointements des gardes sont à la charge de la Grande-Bretagne qui acquiert ainsi, au centre de la Perse, des installations et des agents.

La construction des routes et des chemins de fer a été menée de front avec l'établissement des lignes télégraphiques. Sous Nasser-Eddin, une société anglaise s'était fait accorder le monopole du service avec fourgon de la route de Téhéran à Koum et la concession d'une route carrossable de Téhéran à Ahouvaz, sur le Karoun. Cette société, il est vrai, prévoyant que la route ne paierait pas, a abandonné cette concession, mais ce déboire a été compensé par l'ouverture de la route de Noucki à Méched par le Séïstan, laquelle, pour la plus grande partie de son parcours, emprunte les régions annexées ou protégées par l'empire britannique. Un consul anglais a été installé à Nasterabad au point où le chemin pénètre en territoire persan. On a creusé des puits, construit des caravansérails pour encourager le trafic. La route à peine terminée, le gouvernement anglo-indien a décidé la construction d'une ligne de chemin de fer de 130 kilomètres de long, de Quetta à Nouchki, laquelle sera l'amorce du futur chemin de fer entre l'Inde, la Perse et la Turquie. Cette ligne d'une importance capitale doit aboutir plus tard en effet dans les États du chah, et, prolongée en Turquie d'Asie, devra se souder aux chemins de fer d'Anatolie.

Il n'est pas jusqu'à la circulation fiduciaire et aux richesses minières sur lesquelles les Anglais n'aient voulu mettre la main. En 1888, ils ont réussi à obtenir de Nasser-Eddin l'autorisation pour une société, la « Nouvelle banque orientale de Londres », d'émettre des billets de banque et de faire des opérations financières en créant des succursales dans les principales villes de la Perse, à Ispahan, Schiras, Tauris, Méched, Bouchire. L'année suivante, le baron J. de Reuter obtenait la création de la Banque impériale de Perse à laquelle était octroyé le droit exclusif d'exploiter les mines de fer, de cuivre, de mercure, de pétrole, de manganèse, de borax non encore concédées. Nasser-Eddin avait aussi donné aux Anglais la régie des tabacs, mais devant la vive opposition que souleva cette mesure parmi ses sujets, il dut opérer le retrait de cette concession, moyennant le paiement d'une indemnité de 12 millions 500 000 francs à la compagnie dépossédée. Ce fut la Banque impériale de Perse qui fournit la somme nécessaire à cet effet. Depuis quatorze ans, la Banque impériale, qui a fusionné avec la nouvelle Banque orientale de Londres, fonctionne d'une manière satisfaisante, étend ses affaires, donne des bénéfices et est pour l'Angleterre un instrument utile et fécond.

Enfin, c'est à l'initiative anglaise qu'il faut attribuer en 1888 l'ouverture du fleuve Karoun au commerce. Formé des torrents de la Susiane au Nord et du Louristan, le Karoun est un magnifique cours d'eau qui se dirige du Nord-Est au Sud-Ouest pour se jeter dans le Chatt-el-Arab, près de Mohammerah, à distance à peu près égale de Bassora et de la mer. La vallée du Karoun que traverse le fleuve a une importance commerciale considérable, car elle est la grande voie d'accès au plateau de l'Iran pour le transport des marchandises expédiées par le golfe Persique. Le fleuve que les bateaux à vapeur peuvent remonter jusqu'à 250 kilomètres de son embouchure est la vraie voie commerciale de la Perse, la route de l'avenir, et celle que suit dès maintenant le courant du trafic pour pénétrer au cœur de l'Iran. Ce trafic est actuellement presque tout entier dans les mains des Anglais qui, après avoir fait ouvrir au commerce international cette voie commode et sûre, restent à peu près les seuls à l'utiliser.

Aussi bien le pavillon britannique a presque monopolisé à son profit le mouvement commercial dans le golfe Persique et dans la mer d'Oman. Entre le détroit d'Ormuz et l'embouchure du Chatt-el-Arab, quarante navires contre un battent pavillon britannique. En 1900, sur un total de 2 873 000 livres sterling représentant la valeur des importations du golfe Persique, 366 000 livres seulement représentaient la part des autres pays. La part de l'Allemagne ne s'est élevée qu'à 23 000 livres, celle de la Russie qu'à 572 livres sterling, d'après les rapports du consul anglais. La proportion est à peu près la même pour le chiffre des exportations qui se sont élevées à 2 087 000 livres sterling et qui ont eu pour destination surtout Londres et Bombay. Une ligne de navigation, la *British India Company*, met en communication Bombay et les principales escales du golfe, qu'elle dessert toutes les semaines. En outre, deux fois par mois des cargoboats venant d'Angleterre, visitent Mascate, Bender-Abbas, Bouchire. Cinq agents politiques ayant leur résidence à Mascate, Kowéït, aux îles Barhéïn, à Bouchire et depuis 1901 à Bender-Abbas, veillent aux intérêts anglais. Le plus élevé d'entre eux, ayant rang de consul général, est le résident de Bouchire; au-dessous de lui, les quatre autres constituent comme un état-major. Le résident de Bouchire est considéré comme le véritable maître dans ces parages; c'est « le roi du golfe Persique », comme le nomment depuis vingt ans les riverains. Une flotte de trois avisos est à sa disposition et transmet ses ordres et ses instructions sur tous les points du littoral. A la moindre émotion, sur les côtes arabique et persane, leurs canons apparaissent. Une garde spéciale, tirée de l'armée des Indes, rehausse son prestige. Une garnison de cipayes de l'Inde occupe la ville de Djask, à l'entrée du détroit d'Ormuz. Y a-t-il lieu de s'étonner si dans de telles conditions on a appelé le golfe Persique un lac anglais et si d'aucuns ont trouvé cette appellation justifiée autant du moins qu'on puisse considérer un golfe comme un lac?

CHAPITRE VI

La méthode de pénétration russe en Perse.

Ainsi opérations financières, moyens de communications rapides maritimes et terrestres, mines et routes, commerce, navigation, ont été jusqu'en ces derniers temps monopolisés au profit de l'Angleterre, et l'absorption économique du royaume du chah par cette puissance aurait été un phénomène qui devait se réaliser dans un prochain avenir, si tout dernièrement la Russie n'avait opéré un changement radical dans sa ligne de conduite vis-à-vis de la cour de Téhéran.

Depuis longtemps la diplomatie russe assistait impuissante à l'envahissement pacifique progressif des diverses parties de la Perse par l'influence anglaise. Contre ce flot montant et irrésistible, la vieille méthode politique qu'elle avait adoptée depuis le commencement du siècle était vaine et se trouvait en défaut. La menace perpétuelle du canon et des divisions de cavalerie cosaque du Caucase, toujours suspendue sur la cour de Téhéran, ne pouvait empêcher ni les banknotes de circuler comme monnaie courante d'échanges, ni les marchandises anglaises de se répandre sur les marchés intérieurs, ni les produits de la Perse d'être exportés par le golfe Persique sous pavillon britannique. Cet épouvantail n'empêchait pas non plus les gros travaux publics et les grosses entreprises industrielles d'être exécutés par les capitaux anglais. Et l'on s'est demandé en Russie si la méthode qui consiste, pour dominer un pays, à lui faire peur, à lui prendre des territoires, à lui occuper des villes, à irriter ou diminuer sa faible puissance est bien la meilleure qui soit à suivre, et s'il ne vaut pas mieux, dans les relations d'un pouvoir européen avec un pouvoir indigène, éviter de faire perdre à ce dernier la face, afin de s'assurer les réalités et les résultats sans la conquête. La méthode forte a été enfin abandonnée, et, s'inspirant de l'exemple de l'Angleterre pour la mieux combattre, la diplomatie russe en est venue, elle aussi, à adopter la méthode pacifique qui consiste à protéger, au lieu de menacer, à se constituer bienfaiteur et gardien du pouvoir indigène, à l'étreindre enfin d'une telle sollicitude qu'il ne peut rien refuser.

Ce changement de front dans la ligne de conduite de la Russie date de quelques années à peine, et déjà l'on est à même d'en apprécier les étonnants

résultats. L'initiative russe sur le terrain économique a débuté par une opération financière de
premier ordre. Le chah avait besoin d'argent et
cherchait un appui financier : comme garantie de
l'emprunt qui allait être contracté, l'Angleterre
demandait le contrôle immédiat des douanes. La
Russie se montra de composition plus facile et se
déclara prête à avancer les fonds sans cette garantie.
Et c'est une banque russe à nom français, la
Banque des Prêts, fondée en 1897, qui fit l'émis-
sion des 22 millions de roubles de l'emprunt persan.
Sur les fonds de l'emprunt, les dettes contractées
par la Perse envers l'Imperial bank anglaise ainsi
que toute la dette publique de cet État furent rem-
boursées et la Russie est devenue ainsi le seul
créancier de la cour de Téhéran. Depuis, les
emprunts ont succédé aux emprunts. On en connaît
trois depuis trois ans et chacun égale à peu près
le revenu annuel du chah. Jusqu'en 1912 la Perse
s'est engagée à ne pas chercher de secours financier
ailleurs qu'en Russie.

A la mainmise sur les finances, le gouvernement
russe a ajouté la mainmise sur l'armée. En effet,
en même temps qu'il subvenait aux besoins de la
Perse, ce dernier s'est occupé d'assurer à la dynastie
la sécurité, de maintenir l'ordre à l'intérieur, et
dans cette vue lui a envoyé des instructeurs militaires. Ce sont des officiers russes au service du
chah qui du milieu de la cohue des troupes per-

sanes sans cohésion, ont fait surgir la magnifique brigade de la garde cosaque qui a permis au chah actuel de faire valoir facilement ses droits au trône après l'assassinat de Nasser-Eddin et qui a sauvé, il y a trois ans, Téhéran et peut-être la dynastie pendant les émeutes provenant de la disette du pain. La brigade est commandée par un général russe au service du chah, et ce général correspond directement avec le ministre de la Guerre russe comme le directeur de la Banque des Prêts correspond avec le ministre des Finances du tsar.

En plus, les Russes ont eu recours, pour assurer le développement de leurs intérêts, à l'influence que donne la possession des routes et des chemins de fer. C'est ainsi qu'ils ont établi une route entre Recht et Téhéran dont ils ont laissé l'exploitation à une compagnie privée et le principal usage au chah lui-même ; ils se sont fait aussi concéder la construction d'une route de Tauris à Téhéran par Kazvin. Ils ont poussé en même temps les prolongements des chemins de fer russes vers l'intérieur de la Perse. Ces chemins de fer abordent le territoire persan en deux directions : celle du Nord-Ouest où se déroule le Transcaspien ; celle du Nord-Est que longe la ligne du Caucase. Dès 1898, le gouvernement russe avait fait construire le chemin de fer de Kousk, embranchement du Transcaspien qui se termine à la frontière afghane même, à 120 kilomètres seulement de Hérat. En 1901, il donnait l'ordre de commencer un autre tronçon du Transcaspien, la ligne Askabad-Méched d'un parcours de 250 kilomètres. A la même époque, du côté du Nord-Est, la construction de la section Alexandropol-Erivan était activement poussée, la section Erivan-Djoulfa était tracée en plein territoire persan, une mission envoyée pour étudier le terrain au delà de Djoulfa, et, pour réserver l'avenir, la Banque russe des Prêts se faisait donner le privilège de la concession des chemins de fer sur le territoire persan.

Toutes ces lignes récemment ouvertes, en construction ou à l'étude, sont situées dans le nord de la Perse, mais dans ces derniers temps les Russes étaient allés jusqu'à comprendre dans leur champ d'action la Perse Méridionale et le littoral du golfe Persique lui-même que les Anglais s'étaient habitués à considérer comme leur domaine exclusif. Désireux d'avoir un accès vers les mers chaudes, il avaient étudié le tracé d'une ligne qui relierait le réseau russe du nord au littoral du midi de la Perse. La ligne commencée à Baladjari, près de Bakou, aurait longé la mer Caspienne, touché à Recht, Ispahan, Chiraz pour aboutir à Bender-Abbas, point indiqué comme terminus du futur chemin de fer russe à travers la Perse, et dont, en prévision de cette éventualité, le docteur Brunnofer, professeur à l'Université de Saint-Pétersbourg, recommandait en 1895 l'occupation. Il faut dire d'ailleurs que ce projet grandiose, qui d'après le traité de concession devait être achevé en 1903, est resté à l'état embryonnaire, faute de fonds.

Et c'est même jusque dans le golfe Persique que le gouvernement russe avait engagé la lutte économique et cherché à disputer à l'Angleterre la prématie commerciale que cette dernière avait exercée jusque-là sans conteste. Pour ouvrir au commerce russe les ports du littoral persan, il avait décidé la Compagnie russe de navigation à vapeur d'Odessa à établir d'abord à titre d'expérience un service provisoire de vapeurs entre les ports de la mer Noire et le golfe Persique, puis est intervenu entre le ministère des Finances et cette compagnie un arrangement relatif à la transformation du service provisoire en un service régulier de navires spécialement aménagés entre Odessa et Bouchire. Des agents consulaires ont été établis aussi dans les ports persans, et des consuls généraux à Bassora et à Bouchire. Ce dernier dispose d'une garnison cosaque et d'un croiseur qui font équilibre aux forces du « roi du golfe Persique ».

Une des dernières mesures qu'a prises le gouvernement russe pour favoriser l'établissement et le développement des relations commerciales entre les deux pays a été la conclusion d'un traité de commerce russo-persan en octobre 1891. Jusqu'à cette époque, les rapports commerciaux de la Perse avec la Russie avaient été réglés sur la base du traité de Tourkmanchaï. Ce traité conclu en 1828 entre la Russie et la Perse établissait un droit uniforme de 5 p. 100 *ad valorem* sur toutes les marchandises importées. Depuis trois quarts de siècle que le régime existait, il avait fini par sembler immuable. La Perse, toutefois, ne s'en accommodait pas sans quelques réserves. Elle trouvait cette limite maxima de 5 p. 100 singulièrement étroite et insuffisante, et elle protestait et réclamait des modifications à ce régime. Posant dans ces derniers temps la question sur un terrain pratique, elle avait adressé au gouvernement russe un rapport en vue d'un remaniement fiscal du tarif douanier. Il y a quelques années, de telles protestations fussent restées vaines et de tels efforts inefficaces, mais la politique russe étant aujourd'hui de seconder dans une certaine mesure les vœux de la Perse, la Russie a consenti à renoncer à un tarif libéral et à accepter une surélévation de droits. La nouvelle convention douanière abolit en Perse le système des fermages pour la réception des droits de douane et le remplace par l'établissement de bureaux douaniers officiels sur toutes les frontières ; elle accorde à toutes marchandises de Perse importées en Russie les conditions faites par l'empire russe à la nation la plus favorisée ; le gouvernement persan, de son côté, assume l'obligation d'abolir tous les péages. Cette convention, qui établit entre les deux États contractants des liens beaucoup plus étroits que ceux qui existaient par le passé, procure des avantages considérables au commerce russe et relègue pour ainsi dire au second plan le commerce européen, c'est-à-dire en l'espèce le commerce anglais. En effet, le tarif protectionniste qui a été promulgué à la suite de cet accord paralyse presque complètement le commerce anglais dans le nord de la Perse, et menace également les intérêts commerciaux britanniques dans les régions du Sud.

Il est vrai que le gouvernement britannique a cherché immédiatement à parer le coup porté à son commerce par le dernier traité russo-persan et nous avons ici à enregistrer un nouvel et curieux épisode de cette lutte d'influences qui se dispute le plateau de l'Iran. Tout d'abord le Foreign-Office a fait aussi bonne figure que possible à ce mauvais jeu. Le jour même où avait lieu la notification officielle du traité commercial russo-persan, sir Arthur Hardinge, ministre de la Grande-Bretagne à Téhéran, recevait solennellement la mission extraordinaire envoyée, avec un pair du Royaume-Uni à sa tête, pour remettre au chah l'ordre de la Jarretière. Des explications étaient ensuite demandées à la cour de Téhéran, des négociations étaient engagées, et, en fin de compte, l'Angleterre se décidait à accepter, tout comme la Russie, une nouvelle base pour ses rapports commerciaux avec la Perse. C'est le 27 mai 1903 qu'a été ratifié l'accord commercial anglo-persan. Ce traité est une satisfaction complète donnée aux besoins et aux appétits fiscaux de la Perse. Rien ne ressemble dans cet instrument à la disposition si simple et si large qui étendait le tarif des 5 p. 100 du traité de Tourkmanchaï aux marchandises anglaises et dont celles-ci avaient bénéficié jusqu'ici. On y trouve à chaque article des droits de 10, de 20, de 30, parfois 40 p. 100 et plus. C'est un tarif ultra-protectionniste, en partie prohibitionniste, substitué au régime du libre-échange. Pour ne pas être en reste avec les bons procédés de la Russie à l'égard de la Perse, l'Angleterre a dû, dans le nouveau régime commercial anglo-persan, sacrifier ses théories les plus chères, — peut-être au détriment de ses relations commerciales avec l'Iran.

Mais quoi qu'il en soit de la souplesse et de l'activité de la politique anglaise à lutter d'influence sur le terrain économique avec sa rivale, les résultats de la politique commerciale russe sont dès à présent frappants. En 1889, lord Curzon évaluait le commerce total de l'Angleterre avec la Perse, en y comprenant le commerce de celle-ci avec les Indes, à 75 millions de francs. Pour 1900-1901 la statistique des douanes donne comme total des échanges avec la Russie 125 millions et avec l'Angleterre 50 millions seulement. Le commerce russe s'est accru d'une manière extraordinaire, celui de l'Angleterre a baissé. Cette diminution du commerce anglais persan est surtout sensible dans la Perse du Nord.

Tels sont les résultats réellement merveilleux qu'a procurés le changement de politique adopté par la Russie dans ses relations avec la Perse. Au lieu de menacer le pouvoir indigène comme jadis, elle l'enserre de ses offres et l'accable de ses services. Elle lui est utile. Elle trace à ce pays des routes, lui organise des régiments, lui installe des banques, lui offre des emprunts, lui plante des concessions, lui construit des quais et, ce faisant, elle a le triple avantage de rester pacifique, de paraître généreuse, de retirer de la paix plus de bénéfices que la guerre de mots et la guerre d'épées ne lui en sauraient donner ensemble. Cette nouvelle méthode appliquée par la Russie à la Perse a plus fait pour le commerce et le prestige russe en ces dernières années que ne l'avaient fait depuis trois quarts de siècle tous les efforts d'une diplomatie appuyée sur la politique de force et de coercition et l'a mise, comme nous le verrons, dans la meilleure posture lorsqu'il s'est agi, au dernier traité anglo-russe, de déterminer les sphères d'influence russe et anglaise sur le plateau de l'Iran.

III

LES ANGLAIS ET LES RUSSES EN AFGHANISTAN

CHAPITRE VII

Les projets de Napoléon sur l'Inde et les premiers rapports des Anglais avec l'Afghanistan.

Les premières relations de l'Angleterre avec l'Afghanistan ne remontent pas au delà du commencement du xixe siècle. Avant cette époque, ce pays n'avait offert aucun intérêt aux Anglais. Occupée à asseoir et à consolider sa domination dans le Bengale et la presqu'île du Dekkan, la Compagnie des Indes avait considéré jusqu'alors l'Afghanistan, — séparé de ses possessions par les vastes étendues de l'Empire du Grand-Mogol, de la confédération mahratte, et de l'empire sikh, — comme trop éloigné de son rayon d'action et ne méritant pas à ce titre de fixer sa sollicitude.

L'indifférence de la Compagnie des Indes pour les hommes et les choses d'Afghanistan trouve aussi son explication dans la nature des idées qui dominaient alors en Europe sur le moyen d'assurer la sécurité de l'Hindoustan. Le maître européen de l'Inde n'appréhendait les attaques d'un ennemi que vers le Sud de la péninsule et du côté de la mer. La voie maritime était à ses yeux la seule route possible d'invasion, et le seul moyen de parer à ce danger lui paraissait être de se fortifier sur la côte de Malabar et de Coromandel et d'être maître de la mer. Chacune des nations européennes qui s'étaient disputé la suprématie dans l'Inde avait adopté cette manière de voir et en avait fait l'application à son profit. C'est ainsi que les Portugais, à peine débarqués à Calicut, s'étaient empressés de s'assurer la domination de l'océan Indien par l'occupation du cap de Bonne-Espérance, d'Aden et du littoral du golfe Persique; que les Hollandais, qui leur avaient succédé dans la possession de l'Inde, les avaient remplacés également dans ces postes avancés; que les Français, devenus maîtres d'une partie du Dekkan, s'étaient établis aux îles Mascareignes et à Madagascar; que les Anglais enfin, après s'être emparés des établissements français dans le Dekkan, songeaient à devenir les maîtres du Cap, de Ceylan et de l'île Maurice. Il est juste de reconnaître d'ailleurs que ces nations qui s'emparaient et se chassaient tour à tour de l'Hindoustan étaient toutes des nations maritimes; qu'elles visaient le monopole du commerce, non la conquête totale du pays; et que leurs divers établissements avaient le caractère non d'un empire territorial et politique, mais plutôt d'un empire maritime et commercial, développé sur les côtes, peu étendu dans l'intérieur, et donnant, avec un minimum de dépenses de domination, le maximum de profits.

A la fin du xviiiᵉ siècle, Bonaparte, qui avait soumis l'Égypte et rêvait de la conquête de l'Inde, adopta tout d'abord les idées ayant cours. C'est en utilisant la voie maritime qu'il comptait, quand il était en Égypte, attaquer les Anglais dans l'Inde, et c'est de la côte de Malabar ou de celle de Coromandel qu'il espérait diriger une armée d'invasion. Des vaisseaux de guerre transformés en flûtes et portant des troupes d'infanterie et d'artillerie devaient traverser l'océan Indien et donner la main à Tippo-Sahib, sultan de Mysore, l'irréductible adversaire des Anglais. Bonaparte avait écrit du Caire à Tippo-Sahib, et presque tous les princes du Dekkan s'étaient déclarés favorables aux visées françaises. Dans l'attente du grand événement, le Nizam d'Haïderabad avait levé une armée de 14 000 hommes, commandés par des officiers français et notamment par un nommé Raymond. Admirablement équipées et disciplinées, les levées de ces officiers marchaient au combat avec le drapeau de la Révolution française flottant au-dessus de leurs rangs, et le bonnet phrygien gravé sur leurs boutons. Le chef de la plus puissante dynastie mahratte, Scindiah, avait une armée organisée à l'européenne de 30 000 fantassins et de 18 000 cavaliers, que lui avait créée Boigne, aventurier savoisien, et Perron, officier de marine au temps du bailli de Suffren. Un autre puissant chef mahratte, Holkar, avait réuni une armée de 100 000 hommes. Malheureusement pour les princes indiens qui s'étaient tant avancés, les troupes françaises attendues ne parurent point, et les Anglais en profitèrent pour les écraser tous. Tippo-Sahib mourut sur la brèche de Seringapatam. Le Nizam dut licencier son armée ; Scindiah et Holkar, battus, durent faire leur soumission.

Mais Bonaparte n'avait pas renoncé à son projet d'arracher l'Inde aux Anglais. Devenu premier consul, il croyait toujours que ce n'était guère qu'en Orient qu'on pouvait faire quelque chose de réellement grand. L'Hindoustan le fascinait, et à peine eut-il en mains le pouvoir qu'il s'occupa de réaliser le rêve qu'il avait conçu en Égypte. Seulement, les circonstances n'étaient plus les mêmes qu'en 1798. La flotte française avait été détruite à Aboukir ; l'évacuation de l'Égypte avait eu lieu ; les Anglais dominaient les mers : il ne pouvait plus être question d'utiliser la voie maritime et de débarquer un corps expéditionnaire sur la côte du

Dekkan. C'est alors que fut conçu par son génie inventif un projet d'attaque de l'Inde tout différent de celui que les nations européennes avait adopté jusqu'alors.

Par-dessus les sommets de l'Hindou-Kouch, l'Inde est reliée à l'Europe au Nord-Ouest par les steppes du Turkestan. Une armée venant d'Europe peut donc envahir l'Inde dans cette direction en empruntant exclusivement la voie terrestre. C'est ce que comprit Bonaparte, qui, pour réaliser ce projet, s'adressa au tsar, Paul Ier, avec lequel des négociations, restées longtemps secrètes et encore peu connues, furent nouées. Un corps français de 35 000 hommes devait gagner à travers la Russie la région des steppes jusqu'à Astrakan, franchir la Caspienne sur des vaisseaux russes jusqu'à Asterabad, d'où il opérerait sa jonction avec une armée russe de force égale et se diriger par Hérat et Candahar sur l'Afghanistan Méridional et l'embouchure de l'Indus. En même temps, une autre armée russe devait partir d'Orenbourg, et, par Khiva, Boukhara et l'Afghanistan Septentrional, marcher directement sur le haut Indus. L'armée française du Midi devait être commandée par Masséna, que le tsar, dans un sentiment de délicate courtoisie et d'admiration pour le héros de Zurich, avait demandé lui-même comme généralissime. Ce grand projet reçut un commencement d'exécution. Avec la fougue et l'impétuosité qui le caractérisaient, le

tsar Paul, sans attendre l'arrivée de l'armée française, enjoignit à l'ataman général des Cosaques du
Don, Orloff Denissof, d'établir son quartier général
à Orenbourg, d'y concentrer toutes les troupes
cosaques, et d'y attendre l'ordre de jeter ses
troupes sur l'Inde. Ce dernier franchit la Volga
en mars 1801 et se dirigea vers Orenbourg. Mais
l'assassinat du tsar Paul Ier vint interrompre ces
préparatifs. Les Cosaques repassèrent la Volga et il
ne fut plus question d'une invasion franco-russe de
l'Hindoustan.

Mais si le plan concerté entre Bonaparte et le
tsar Paul ne put être réalisé, la possibilité d'une
invasion de l'Inde par la voie terrestre au Nord-
Ouest n'en restait pas moins un fait acquis. En
même temps, était révélée l'importance exceptionnelle qu'avait l'Afghanistan en cas d'invasion dans
cette direction. Qu'un corps expéditionnaire partît
d'Astrakan pour se concentrer à Asterabad ou
qu'il partît d'Orenbourg pour gagner Boukhara,
c'est toujours au massif montagneux de l'Afghanistan qu'il venait se heurter avant de pénétrer
dans le bassin de l'Indus. Une autre combinaison
qu'imagina Napoléon après la mort de Paul Ier
vint de plus faire ressortir le rôle du pays afghan
dans l'attaque ou la défense de l'Inde dans la
direction du Sud-Ouest et par la voie de la Perse.
Inquiété au Nord par les Russes, qui poursuivaient
de plusieurs côtés à la fois, par la Géorgie et le

Turkestan, leur marche envahissante, le shah Feth-Ali s'était tourné d'abord vers l'Angleterre et en avait sollicité un appui que celle-ci avait bien voulu lui accorder, mais en réclamant pour elle la cession de tous les ports appartenant à la Perse sur la Caspienne, celle de l'île Kharrach dans le golfe Persique, et l'autorisation de construire un fort à Bender-Bouchire. Effrayé de pareilles exigences qui, sous prétexte de le défendre, visaient à l'assujettir, Feth-Ali déchira le traité qu'il avait déjà signé avec l'agent britannique Malcolm et écrivit à Napoléon. Aussitôt ce dernier résolut de faire jouer au shah le rôle qu'il avait réservé d'abord au·sultan de Mysore et à l'empereur de Russie. Le comte Jaubert, puis le général Gardanne furent envoyés par lui à la cour de Téhéran, et celui-ci présenta au shah un traité par lequel la France garantissait à la Perse l'intégrité de son territoire et lui fournissait des armes, des ouvriers et des officiers. La Perse promettait en retour de déclarer la guerre aux Anglais et de s'entendre avec l'Afghanistan de manière à ouvrir le chemin à une armée française en cas d'expédition contre l'Hindoustan. En même temps, le général Gardanne envoyait, en décembre 1807, à Napoléon un projet d'invasion de l'Inde par la Perse. Deux chemins conduisent à Delhi, disait notre ambassadeur, le premier, celui de l'Euphrate, par Alexandrette, Bagdad, Ispahan, Yezd, Candahar; le second, celui de la Mésopotamie, par Alep, Hérat, Caboul et Peïchawer. La première de ces voies emprunte le midi de la Perse et suit la côte du Mékran, la seconde, le nord de ce pays et la région montagneuse du Khorassan. « Il était également facile, ajoutait-il, à une armée française qui suivrait l'une ou l'autre de ces routes, de pénétrer dans l'Afghanistan, d'entraîner à sa suite les tribus guerrières et pillardes de cette région en leur montrant l'Inde comme proie et de tomber avec elles comme une avalanche du haut de leurs montagnes dans le bassin de l'Indus. » Le traité de Tilsitt, en faisant de la France l'amie de la Russie, ennemie de la Perse, vint rompre ces négociations et couper court à ces projets. Le général Gardanne dut partir, et l'Angleterre, qui avait désormais le champ libre devant elle, en profita pour envoyer auprès du shah la mission de sir Gore Ouseley et acquérir une influence prépondérante à la cour de Téhéran.

Mais il ne parut pas suffisant à l'Angleterre, pour contrecarrer les projets de Napoléon, de s'être concilié les bonnes grâces de la Perse. Le rôle capital que devaient jouer dans l'accomplissement de ces projets les tribus du pays afghan fit comprendre à la politique britannique l'intérêt qu'il y avait pour elle à ne plus rester étrangère aux choses de cette région. On connaissait alors d'autant moins l'Afghanistan que cet État était de fondation récente. Province de l'empire du Grand-Mogol, puis, ayant fait partie de la Perse, l'Afghanistan s'était séparé de ce dernier pays en 1747, à la mort de Nadir-Shah, et à la suite de la révolte d'un de ses généraux, Ahmed-Khan, chef de la puissante tribu afghane des Barakzaï, lequel se proclama Ahmed-Chah Dourân (perle de son temps), se fit couronner à Canhahar, et se tailla un royaume dans le démembrement de l'empire persan. L'année de sa mort, en 1773, il régnait sur le Cachemire et le Pendjab à l'Est et jusqu'à l'Amou-Daria au Nord-Ouest, ayant conquis dans cette direction ce qui s'est appelé depuis lors le Turkestan afghan; au Midi ses États confinaient au Beloutchistan. Son fils et son successeur, Ahmed-Shah, avait transféré le siège de la capitale à Caboul. Au commencement du xixᵉ siècle, tout ce que savaient les Anglais était que le souverain de l'Afghanistan s'appelait Shah-Soudja; que son pouvoir s'étendait sur la vallée de Caboul, une partie du Turkestan au nord de l'Hindou-Kouch et le plateau de Candahar au midi et que Caboul était sa résidence. C'est dans ces conditions que fut envoyé en ambassade à la cour de ce prince Mount Stuard Elphinstone. Cette mission fut un véritable voyage de découvertes, tant les informations qu'en rapporta Elphinstone, en même temps que ses observations personnelles, furent riches et précises. Elle eut aussi un résultat politique de premier ordre, car l'agent anglais sut capter la confiance de Shah-Soudja et réussit à conclure avec lui, en 1809, le traité de Calcutta, par lequel l'émir s'engageait à s'opposer au passage d'une armée française, en échange de l'appui de l'Angleterre pour le maintien de l'intégrité de ses États. La mission d'Elphinstone fut complétée par celle du capitaine Grant et par celle du lieutenant Henry Pottinger et du capitaine Christie, qui explorèrent, au cours des années 1809-1810, le Béloutchistan, qui est le prolongement méridional de l'Afghanistan vers l'océan Indien, examinèrent au point de vue des communications stratégiques l'état de la contrée, et nouèrent avec les chefs baloutches des relations d'alliance et d'amitié.

Ayant occupé les principaux points stratégiques du littoral de l'océan Indien et ayant fait entrer dans leur alliance la Perse, l'Afghanistan et le Béloutchistan, les Anglais comptaient bien avoir fermé toutes les voies d'accès, soit maritimes, soit terrestres, vers l'Hindoustan, et avoir pris toutes les mesures nécessaires à la sécurité de leur domination, quand tout se trouva remis en question par un événement extraordinaire et si vraiment étrange qu'il mérite bien d'être noté ici, — d'autant qu'il est très mal connu, que les historiens en Europe l'ignorent, et qu'on en chercherait vainement l'indication dans les ouvrages les plus récents sur l'Asie Centrale et l'Inde.

En même temps que Napoléon envoyait Gardanne à Téhéran, il avait chargé un ancien chevalier de Malte, Louis de Lascaris-Vintimille, d'une mission secrète en Syrie. Lascaris devait apprendre l'arabe, entrer en relations avec les Bédouins, dénombrer leurs tribus, se ménager parmi eux des alliances jusqu'à la Mésopotamie et au golfe Persique, les grouper en une vaste confédération indépendante de toute sujétion à l'égard de la Sublime Porte, et créer ainsi une organisation en mesure de tenir ouverte à l'Empereur une route sur l'Afghanistan, le Béloutchistan et l'Inde. Parti d'Alep au mois de février 1810, avec un jeune Maronite, nommé Fatalla, qui nous a laissé un récit de l'expédition, Lascaris se rendit chez les Chammars, puissante confédération de tribus nomades venues un siècle auparavant du sud de l'Arabie s'établir dans la partie occidentale de la Syrie. Ayant su capter la confiance d'Ebn-Chalan, chef de la plus importante de ces tribus, qu'on avait surnommé l'exterminateur des Turcs, parce qu'il avait battu le pacha de Bagdad, il lui laissa entrevoir l'alliance et la venue prochaine du grand empereur d'Occident et lui persuada de se mettre à la tête d'une vaste confédération des tribus arabes pour être mieux à même de le recevoir. Ebn-Chalan était un homme de valeur. Il écouta les conseils de Lascaris, et, pour se faire la main, commença par battre les Hanezès, tribu arabe qui vivait sur

les confins de la Mésopotamie, le long de l'Euphrate,
et ennemis jurés des Chammars. Ebn-Chalan les
força à signer un traité d'alliance, puis profita de
ce succès pour imposer de gré ou de force son
autorité à toutes les tribus chammars, ainsi qu'à
toutes les tribus arabes de Syrie et de Mésopotamie.

On en était là lorsqu'une nouvelle incroyable,
grossie de bouche en bouche à travers le désert,
parvint à Lascaris et à Ebn-Chalan, laquelle, si
elle était exacte, remettait tout en question. On
racontait qu'une princesse anglaise, la fille même
du roi, parcourait la Syrie, avec une suite nombreuse, des richesses immenses qu'elle prodiguait
en cadeaux et en fêtes coûteuses; que le pacha de
Damas se multipliait autour d'elle, au point qu'on
ne savait plus s'il la protégeait ou lui obéissait et
qu'elle avait détaché les Hanezès de leur alliance
récente avec les Chammars, ruinant ainsi toutes les
combinaisons de l'envoyé français et d'Ebn-Chalan.
Ce dernier et Lascaris se hâtèrent vers la Syrie.
Le plus étonnant est que la nouvelle se trouva
vraie.

Sans doute l'Anglaise n'était pas fille du roi britannique, mais c'était une fort grande dame puisqu'elle n'était rien de moins que la petite-fille du
célèbre lord Chatham, premier ministre de la
couronne pendant la guerre de Sept Ans, et la
nièce de William Pitt, premier ministre aussi,

celui-là même qui avait voué à la France une haine à mort et avait organisé contre elle toutes les coalitions européennes de la fin du XVIIIe siècle et du commencement du XIXe siècle. Bien mieux, elle avait été l'auxiliaire et la plus fidèle collaboratrice de son oncle, avait pris la direction de sa maison et presque partagé avec lui l'exercice du pouvoir, au point que le roi disait à Pitt qu'il avait un ministre meilleur que lui et que c'était sa nièce, lady Esther Stanhope : ce dont convenait Pitt avec orgueil. Ayant perdu son oncle en 1806, puis, le même jour, en 1809 son frère et son fiancé, tous deux tués à la même bataille contre les Français en Espagne, lady Stanhope avait dit adieu à l'Angleterre sans espoir de retour, et s'était embarquée pour le Levant avec l'intention de s'y créer une nouvelle vie. Elle rêvait de révolutionner l'Orient et de s'y tailler un empire, soit en Arabie, soit en Syrie. Y avait-il quelque chose d'impossible pour la nièce de Pitt et n'avait-on point vu un simple lieutenant d'artillerie, issu de médiocre famille, se hisser jusqu'à la pourpre impériale sur le continent?

Vêtue en Arabe, armée du yatagan, qu'elle remplaça plus tard par une masse d'armes, du poignard et de pistolets, elle fit au printemps de 1812 une entrée triomphale en Syrie, parcourut avec sa suite les villes et les campagnes et vit accourir à elle les populations avides de voir cette princesse lointaine, chrétienne et déjà orientale d'aspect, par qui allaient sans doute se réaliser les mystérieuses prophéties. A Tadmor, aux ruines de l'ancienne Palmyre, 50 000 Bédouins assemblés acclamèrent comme une reine la prophétesse venue d'Occident, pendant que des jeunes filles, juchées en statues sur les piliers encore debout du temple du Soleil, lui lançaient des gerbes de fleurs et chantaient ses louanges. Le pacha de Damas fut subjugué; le chef des Hanezès devint son agent; et, quand Lascaris arriva aux environs de Damas, elle le convoqua impérieusement comme ferait un roi pour son sujet. Lascaris, inquiet, obéit. Étrange rencontre en vérité, et bien caractéristique de cette génération si féconde en surprises, que celle de la nièce de Pitt et de l'agent de Napoléon, de l'Anglaise habillée en homme et du Français qui autrefois s'était fait moine chevalier, tous deux devenus Arabes et cherchant à contrecarrer leurs projets ennemis à la lisière du désert.

L'entrevue fut, comme bien on pense, sans résultats. Ebn-Chalan approchait avec les Chammars, brûlant de venger dans le sang la déloyauté des Hanezès et de battre le pacha de Damas comme il avait battu le pacha de Bagdad. On allait en venir aux mains, quand un facteur nouveau intervint dans la lutte d'influence qui se jouait entre l'Angleterre et la France aux confins de la Syrie et imprima à cette lutte des proportions formidables. C'étaient les Wahabites qui arrivaient en masse fin décembre 1812, du centre de l'Arabie. Ils étaient 150 000 guerriers.

C'étaient toutes les tribus du Nedjed qui se ruaient ainsi et comme une avalanche dans le bassin du Haut-Euphrate. Convertis à la fin du xviiie siècle à la réforme d'Abd-el-Ouab, elles avaient fait irruption de tous côtés hors de leurs vallées montagneuses et étendu leurs conquêtes, dans un dessein de propagande religieuse. Elles s'étaient emparées des villes saintes, la Mecque et Médine, avaient imposé le tribut à l'iman de Mascate, battu le pacha de Damas. Les Anglais, qui n'avaient pas été longtemps à comprendre que les progrès des Wahabites pouvaient devenir menaçants pour le sultan, alors en termes d'alliance avec Napoléon, leur prêtaient appui et comptaient se servir d'eux pour fermer au conquérant la route de l'Afghanistan et de l'Inde par la vallée de l'Euphrate. A leur instigation, les Wahabites avaient déjà tenté à plusieurs reprises la conquête de Damas et de la Syrie. Repoussés parce qu'ils n'étaient pas en nombre, ils envahissaient maintenant le pays, toutes leurs forces réunies, comme à l'époque des grandes migrations de peuples.

Pour résister à ce torrent, Ebn-Chalan fit appel à tous ses alliés et concentra en peu de temps 65 000 Bédouins entre Hama et Homs, sur l'Oronte. De son côté, le pacha de Damas amena une armée de 15 000 soldats turcs, albanais, syriens et égyptiens. La lutte fut acharnée. Pendant trente-sept jours consécutifs, Arabes, Bédouins et Osmanlis essayèrent vainement de forcer les retranchements derrière lesquels ils s'abritaient en face les uns des autres. Le trente-huitième jour, les Wahabites réussirent à pénétrer dans le camp turc; les Bédouins et les Osmanlis se réfugièrent derrière l'Oronte. Ainsi 230 000 hommes se livrèrent une bataille inconnue au moment même où dans les plaines saxonnes, des centaines de milliers d'autres hommes allaient jouer le sort de l'Europe. Partout la politique de Napoléon est présente, en Arabie comme en Allemagne.

S'il faut en croire le récit de Fatalla qu'a publié Lamartine, une offensive adroite prise par Ebn-Chalan mit les Wahabites en déroute quand ils se croyaient sûrs de la victoire. La fin est brève. Les Wahabites rentrèrent dans le Nedjed, et lady Stanhope se retira au mont Liban, où elle vécut jusqu'à sa mort, en 1839, dans un isolement farouche. Quand à Ebn-Chalan, il revint en triomphateur sur le Tigre et l'Euphrate. Les Hanezès lui jurèrent à nouveau fidélité. Le pacha de Damas devint son allié. Toutes les tribus bédouines entrèrent dans la confédération qu'il dirigeait. Accompagné de Lascaris, il poussa même plus loin qu'il n'avait jamais été, et, longeant le littoral du golfe Persique, il alla jusqu'au Mékran,

aux frontières du Béloutchistan et de l'Afghanistan,
compléter ses alliances. Saoud lui-même, le roi
des Wahabites, signa avec Ebn-Chalan un traité de
paix et d'alliance. D'Alep à l'Inde, la route était
libre, prête au passage du conquérant impérial. Le
consul français à Bagdad, Raymond, put s'en
assurer lui-même et pousser un voyage d'études et
d'explorations dans le Béloutchistan, et Lascaris,
arrivé en avril 1814 à Constantinople, put annoncer
à l'ambassadeur français Andréossy le succès de ses
combinaisons. Perdue en Europe, la partie engagée
par Napoléon était gagnée en Asie, aux portes de
l'Afghanistan et de l'Inde.

CHAPITRE VIII

Les invasions de l'Afghanistan antérieurement au XIXe siècle

Il est juste de remarquer que le projet d'attaque de l'Inde par l'Afghanistan n'est pas une invention propre du génie de Napoléon. Avant lui, d'autres conquérants avaient conçu ce projet, et, plus heureux que lui, l'avaient fait aboutir. C'est ainsi que, dans la série des âges, on compte jusqu'à sept grandes invasions de l'Inde par l'Afghanistan. La première invasion dont l'histoire ait conservé le souvenir est celle d'Alexandre le Grand, qui ouvrit, pour la première fois, la porte de l'Inde, au monde occidental, et qui eut, pour conséquence durable, la fondation, sur le territoire de l'Afghanistan actuel, du royaume gréco-bactrien dont l'existence se prolongea jusqu'au second siècle avant Jésus-Christ. Les grandes invasions scythes, qui eurent lieu dans les premiers siècles de notre ère, vinrent ensuite. La troisième invasion, celle de Mahmoud le Ghaznévide, en 1001, est fameuse dans l'histoire, parce qu'elle marque à la fois la fin de l'isolement et de l'indépendance de l'Inde, et le rattachement de ce pays au reste du monde. Turc par sa naissance, et occupant un petit trône dans l'Afghanistan, Mahmoud, poussé irrésistiblement vers l'Inde par son fanatisme musulman et par le voisinage immédiat du sanctuaire de l'idolâtrie, découvrit et conquit ce pays. Il fut, pour l'Inde, à la fois Christophe Colomb et Cortès. Depuis son invasion, la domination étrangère n'a jamais été interrompue et le chemin de l'Inde, par les passes et les cols de l'Afghanistan, est devenu une route battue par les aventuriers. En 1398, Tamerlan s'y engage pour opérer son œuvre destructrice. En 1524, c'est Baber qui traverse l'Afghanistan, complète l'œuvre de Mahmoud, et fonde sur les bords du Gange et de l'Indus l'empire musulman du Grand-Mogol. Quand, deux siècles après, la décadence de cet empire fut commencée, ce fut au tour de Nadir-Shah qui avait usurpé le trône de Perse de descendre de l'Afghanistan, de saccager Delhi et de porter au Grand-Mogol un coup si rude que celui-ci fut pour toujours incapable de s'en relever. Les malheurs de cette œuvre de destruction n'étaient pas encore réparés, qu'avait lieu, en 1760, une septième invasion entreprise par Chab-Abdali, chef du clan des Douranis, en Afghanistan. Descendu de ses montagnes, ce dernier livra la bataille de Paniput, dans laquelle, dit-on, 200 000 hommes périrent, et brisa la puissance mahratte au moment précis où elle semblait sur le point de réunir l'Inde entière sous sa domination.

On voit, par ces invasions répétées au cours des âges, combien ont été liées les destinées de l'Inde et de l'Afghanistan. Cette dépendance a été tellement étroite que l'on peut dire que, depuis l'aurore des temps historiques jusqu'à l'époque de Vasco de Gama, toute l'histoire des relations extérieures de l'Inde s'est concentrée dans l'Afghanistan. En effet, jusqu'à la fin du xve siècle, l'Inde, bien qu'entourée par la mer à l'Est, à l'Ouest et au Midi, n'avait pas encore été l'objet d'une invasion par la voie maritime. Entre Néarque, l'amiral d'Alexandre, et Vasco de Gama, aucun capitaine européen n'a navigué sur l'océan Indien, et ces quelques incursions par mer qu'ont effectuées les Arabes, à partir du calife Omar, paraissent n'avoir eu qu'une importance tout à fait locale et limitée. A cette exception près, les seules relations maritimes qu'ait eues l'Inde ont été avec Java : encore faut-il noter que c'est de l'Inde qu'est parti le mouvement, car le langage kawi, de Java, nous présente, dans sa grammaire et dans sa littérature, les traces les plus apparentes de l'influence hindoue. D'autre part, du côté du Nord, l'énorme barrière de l'Himalaya est pour la plaine du Gange ce qu'est la mer pour la péninsule du Dekkan, et isole l'Inde dans cette direction; et, si l'influence hindoue s'est répandue par le bouddhisme dans le Thibet, l'histoire n'a à enregistrer ni grandes guerres, ni grandes invasions empruntant cette voie. Ainsi l'Inde a été complètement isolée pendant des milliers d'années; et c'est ici le cas de rappeler que les indigènes dirent à Alexandre le Grand, quand il parut au milieu d'eux, que leur pays n'avait jamais été envahi avant lui. Cet isolement n'a cessé que le jour où, à travers l'Afghanistan, les envahisseurs vinrent de la Perse ou de l'Asie centrale conquérir l'Hindoustan.

Après Vasco de Gama, l'Afghanistan joua un rôle moins exclusif dans l'histoire des destinées de l'Inde. La voie terrestre ne fut plus la seule route que suivirent les conquérants. Ouverte par la circumnavigation de l'Afrique à l'activité des nations maritimes de l'Europe, la presqu'île du Dekkan se trouva exposée aux attaques d'un ennemi venant du côté de la mer et elle eut à subir les attaques des Portugais, des Hollandais, des Anglais et des Français. Mais la découverte de Vasco de Gama, en ouvrant aux envahisseurs l'accès de l'Inde par la voie maritime, ne fit rien perdre à l'Afghanistan de son importance militaire comme voie d'invasion des vallées du Gange et de l'Indus; les attaques dans cette direction ne discontinuèrent point, et c'est pendant que les Européens se disputaient la domination sur le littoral, qu'eurent lieu les grandes invasions de Baber, de Nadir-Chah et d'Ahmed-Chah, qui dévastèrent les bassins du Gauge et de l'Indus.

On se demandera sans doute quelle est la cause qui unit dans une si étroite dépendance les destinées de l'Afghanistan et de l'Inde : il n'y a pas à la rechercher ailleurs que dans la situation géographique des deux pays. Formant la moitié orientale du plateau de l'Iran dont la Perse occupe la moitié occidentale, se reliant aux hautes terres de l'Asie Centrale et aux monts Himalaya par l'énorme massif de l'Hindou-Kouch, confinant à ce « Toit du monde » qui est le centre orographique du continent et où confinent également l'Inde, l'Empire chinois et la Russie d'Asie, l'Afghanistan est le lieu de passage obligé des envahisseurs, des marchands et des migrations de peuples. Il sépare les deux foyers de civilisation : l'Inde et le bassin de l'Euphrate, et son importance principale lui vient des chemins qui réunissent les deux contrées. Sans doute ce plateau montagneux est une des plus hautes intumescences de la terre : le socle qui supporte les sommets dépasse en altitude les plus hautes cimes des Pyrénées, et ces sommets eux-mêmes qui dépassent six mille mètres vont se perdre dans la région des neiges éternelles : mais à travers cet entassement de montagnes s'ouvrent des défilés et des passages nombreux, fréquentés de tout temps, qui unissent les chemins du Turkestan, de la Perse et de l'Inde et rattachent le bassin de l'Indus à l'Europe. Ainsi, sur un espace de **200** kilomètres au Sud du col d'Anjouan, la chaîne est coupée d'une vingtaine de brèches dont la hauteur varie de 3 500 à 4 500 mètres. Près de Caboul est un point où convergent dix-huit sentiers qui traversent les montagnes. Certains de ces défilés sont d'une traversée facile. Au nord-ouest de l'Afghanistan, entre Merv et Hérat, il est un espace où le faîte disparaît presque entièrement, où nul obstacle ne s'opposerait aux armées en marche. Il suffirait de quelques journées de travail à des escouades d'ouvriers pour tracer une route qui permettrait de se rendre en voiture des bords de la Caspienne à Candahar. Au col de Baroghil, à 3 650 mètres, on peut traverser facilement le faîte de l'Asie. Quelques-uns de ces cols sont accessibles aux caravanes. Mais même dans les régions de frimas, l'homme arrive à se frayer un passage pendant de courtes semaines d'été. Au col de Noaksan (Pas de malheur) à 5 100 mètres, le sentier qui s'élève vers le col est taillé dans un glacier. Plusieurs de ces cols sont des voies historiques. L'un, le Kawak, vit passer Alexandre, Tamerlan franchit la chaîne au col de Thal; le Chibr, à l'Est de Bamiau, est le col où passa Baber. C'est par les cols de l'Hindou-Kouch qu'ont également passé Mahmoud le Ghaznévide, Akbar, Nadir et Ahmed-Chah : et c'est à trop juste raison que cet étagement de monts porte son nom Hindou-Kouch, (massacreur des Hindous).

C'est à ces nombreux passages que l'Afghanistan doit le rôle qu'il a joué dans l'histoire des conquêtes, du commerce et des migrations. C'est à eux qu'il doit son importance militaire et sa valeur stratégique dans l'attaque ou la défense de l'Inde. Là est en effet le point vulnérable de la péninsule. Cette vulnérabilité, longtemps insoupçonnée par les peuples d'Europe, n'apparut clairement qu'avec l'audacieux projet de Napoléon qui montra de quel côté était pour l'Inde le grand péril. Alors les Anglais se rappelèrent que les trois peuples qui, avant eux, avaient fondé des empires territoriaux dans l'Inde : les musulmans avec Mahmoud le Ghaznévide, les Mogols avec Baber, et les Mahrattes, avaient tous reçus le coup mortel d'une puissance qui a soudainement envahi l'Inde par l'Afghanistan ; et ce jour-là fut marqué un instant capital dans l'histoire de la politique étrangère de la Compagnie des Indes. Avant cette période, les Anglais n'appréhendaient les attaques d'un ennemi que du côté de la mer ; depuis, leurs préoccupations se sont tournées du côté du continent et de l'Afghanistan.

CHAPITRE IX

Les principes directeurs de la politique anglaise en Afghanistan.

Seulement ce n'est pas le Français qui reste pour l'Angleterre l'ennemi redouté. La prise de l'île Maurice en 1810 et surtout les traités de 1815, qui ne nous laissèrent de nos possessions de l'Inde que cinq comptoirs, avaient mis la France hors d'état de lutter désormais pour la suprématie dans l'Inde. Ce fut une autre puissance, celle-là même que Napoléon avait associée à ses projets sur l'Inde, qui prit notre place dans l'appréhension des Anglais. Au péril français succède le péril russe.

On a beaucoup discuté, au cours du XIXe siècle, sur ce dernier péril, et l'on s'est demandé souvent si la crainte qu'en ont les Anglais était bien fondée. Les uns ont soutenu que le péril russe était le plus imaginaire des périls, que c'était une chimère, une construction de rêves qu'un peu de réflexion devrait jeter à bas; que les Russes étaient dans l'impuissance absolue d'amener assez de troupes, assez de vivres, assez de munitions pour une campagne sérieuse; qu'entre eux et les Anglais, il y avait l'Himalaya, l'Hindou-Kouch et leurs défilés aussi hauts que le Mont-Blanc, qu'il y avait l'Afghanistan avec ses peuplades guerrières, farouches, capables de causer les plus graves préjudices à l'envahisseur; mais, sans entrer ici dans l'examen des considérations d'ordre politique, économique et social qui peuvent engager ou détourner le gouvernement russe de tenter une pareille entreprise et en envisageant simplement la possibilité d'une attaque russe par le Nord-Ouest de l'Inde, on est bien obligé de reconnaître, d'après les données de l'histoire et les indications topographiques du sol que nous avons exposées, que cette attaque est réalisable. Ce ne serait pas la première fois qu'une vague formidable qui roulerait du centre de l'Asie viendrait battre les frontières de l'empire des Indes. Les défilés eux-mêmes ne sont pas infranchissables et il n'y a aucune raison qui s'oppose à ce que la grande route suivie par les conquérants de jadis ne soit pas reprise par des conquérants contemporains. Tous les Anglais de l'Inde auxquels l'histoire de ce pays est familière sont d'accord sur ce point. Ils ont constamment dans la mémoire la remarque aussi juste que profonde du célèbre auteur de *l'Ayin-Akbari*, Abou-Ifazil, qui a écrit à la fin du xvie siècle : « Depuis la plus haute antiquité, Caboul et Candahar ont été regardées comme les portes de l'Hindoustan, l'une y donnant accès du côté du Touran, l'autre du côté de l'Iran ; si ces deux places sont convenablement gardées, le vaste empire de l'Hindoustan est à l'abri des invasions étrangères ; » et ils ont fait de cette recommandation le pivot de la politique anglaise dans l'Asie Centrale.

Un fait certain c'est que pendant tout le cours du xixe siècle la Russie n'a cessé de reculer ses frontières dans la direction de l'Inde. Le commencement de la grande extension de la Russie en Asie date de la fin même des guerres napoléoniennes. Déjà au traité de Gulistan, en 1813, les Russes avançant dans la direction du Caucase s'étaient fait céder, par la Perse, le Daghestan, le Chirvan, et la côte jusqu'à l'embouchure de l'Araxe. Quelques années plus tard, sous Nicolas Ier, une nouvelle guerre que termina le traité de Tourkmanchaï donnait aux Russes Erivan, Nakhitchevan, les établissait dans l'Arménie persane jusqu'à l'Ararat et l'Araxe, et ne faisait plus de la Perse qu'une voisine inoffensive et docile. L'année 1830 vit la Russie toucher, pour la première fois, l'Iaxarte. Bien que les régions conquises fussent à une grande distance des frontières de l'Afghanistan et de l'Inde, il n'en fallut pas plus cependant pour réveiller toutes les craintes du gouvernement anglo-indien et amener celui-ci à prendre des mesures qui lui parurent dictées par la circonstance. Burnes fut envoyé, en 1830, en ambassade à Caboul, puis de nouveau en 1837, et quand cette année-là même, le shah de Perse vint mettre le siège devant Hérat, un officier anglais, nommé Pottinger, fut envoyé dans la place pour assurer sa défense. En même temps, une flotte anglaise s'emparait des îles Karrachs, dans le golfe Persique. Ces mesures mêmes ayant paru insuffisantes à Londres et à Calcutta où l'on estimait que la Russie était l'instigatrice de l'expédition entreprise par le shah de Perse contre Hérat, le gouvernement anglais résolut de s'assurer l'appui de l'Afghanistan et de faire concourir ce pays en vue de certaines éventualités à la politique générale de l'empire anglo-indien.

Le programme qui fut alors formulé pour atteindre ce but, par lord Auckland, alors gouverneur général de l'Inde, est demeuré, depuis, célèbre dans l'histoire des relations extérieures de l'Afghanistan et de l'Inde. Il ne pouvait s'agir, disait lord Auckland, d'annexer directement ce pays comme on l'avait fait pour le Bengale et certaines parties du Dekkan. Il n'y a pas en effet de similitude entre les deux régions. La vallée du Gange est un pays riche, habité par une population sédentaire, adonnée aux travaux de l'agriculture et aux pratiques du commerce et de l'industrie, accoutumée de longue date à obéir à un pouvoir fortement centralisé. Tout autre est le pays Afghan;

c'est une contrée pauvre, toute couverte de rochers et de montagnes, coupée de plaines élevées, froides, arides, où poussent de maigres pâturages et entremêlées çà et là de quelques rares vallées ; elle présente une surface non moins accidentée que la Suisse ; les eaux y sont rares, le climat fort sec, le froid extrêmement rigoureux en hiver, la chaleur excessive en été, l'organisation du pouvoir y était, à l'époque de lord Auckland, encore précaire ; il n'y avait ni unité, ni permanence : près de 400 tribus s'y partageaient le sol ; leurs chefs entendaient vivre chacun à sa guise, et, en temps de guerre, étaient prêts à passer sans scrupules d'un service à un autre. Ils considéraient l'émir plutôt comme le premier et le plus puissant d'entre eux, parce qu'il était à la tête de la tribu des Baraksaï, que comme un monarque armé vis-à-vis d'eux de droits réguliers et définis. Ces tribus étaient de plus belliqueuses, indisciplinées, rapaces et pillardes, interceptant les sentiers des montagnes, en infestant les passes, rançonnant les caravanes, et en état d'hostilité perpétuelle les unes contre les autres. L'Afghanistan était d'ailleurs séparé des territoires alors soumis à la Compagnie des Indes par toute l'étendue de l'empire Sikh, du royaume d'Oude et du Scindh. Dans ces conditions, annexer directement l'Afghanistan aurait demandé non seulement un déploiement de forces considérables pour la conquête, mais encore le maintien d'une véritable armée pour faire régner l'ordre dans les tribus, exigé des dépenses annuelles énormes, ne fût-ce que pour assurer les ravitaillements à une distance si lointaine, nécessité une grande tension d'efforts de la part d'une diplomatie sans cesse en éveil, qui eût été ainsi détournée de porter son attention sur d'autres territoires qui réclamaient sa vigilance; obligé enfin le gouvernement anglo-indien à une immixtion incessante dans les affaires intérieures des tribus et à assurer la tâche singulièrement ingrate et difficile de faire entrer cette race inculte et indisciplinée dans les voies de la civilisation. Ne valait-il pas mieux, étant donné le présent état des choses, confier à un autre le soin d'organiser, de pacifier, d'unifier le pays, quitte à aider cet autre par tous les moyens dont disposait le gouvernement de l'Inde? L'Angleterre recueillerait alors les avantages qui résulteraient d'une situation ainsi modifiée sans avoir à supporter les charges et les soucis qu'aurait nécessité cette modification. Organiser et maintenir un État afghan, puissant et allié de l'Angleterre, ayant avec l'Inde des intérêts communs et prêt à agir pour assurer la protection de la frontière contre les agressions ou les intrigues de l'étranger, tels furent les principes directeurs que préconisa lord Auckland, principes qui ont servi et servent encore de guide au gouvernement anglo-indien dans ses rapports avec l'Afghanistan.

Mais comment se fit-il que lord Auckland, qui

conçut un programme si avisé et si prudent, prit précisément, dans les mesures d'exécution, le contre-pied de ce qui était nécessaire pour le faire aboutir? Il y a, comme on sait, deux méthodes pour une puissance européenne d'établir son influence dans un pays d'outre-mer : la méthode de douceur qu'on est convenu d'appeler aujourd'hui la pénétration pacifique, qui, par des conseils prudents et amicaux, des secours judicieux et donnés à propos, crée entre les indigènes et le pouvoir protecteur un attachement fondé sur l'intérêt ; et la méthode de force qui consiste à employer les moyens violents, y compris l'occupation permanente du pays. La première avait toutes chances de réussir en Afghanistan. L'émir d'alors, Dost-Mohammed, qui avait, à la suite d'une des insurrections si fréquentes dans ce pays, chassé de Caboul Shah-Soudja, était un prince intelligent, avisé, qui ne demandait pas mieux que de s'entendre avec les Anglais pour affermir sa domination menacée au dedans par les partisans de l'ancien émir, au dehors par les progrès des Sikhs, qui ne cessaient d'empiéter sur ses frontières au Nord-Est. Il sollicitait même l'appui du gouvernement de l'Inde contre Runtjet-Singh, le chef de la confédération shik, qui lui avait enlevé le Cachemire et une partie du Pendjab. Il ne dépendit alors que de lord Auckland de profiter de l'occasion pour asseoir solidement l'influence anglaise à Caboul. Par quelle aberration fut-il amené à rejeter les propositions de l'émir? Craignit-il d'être entraîné dans des complications avec les Sikhs ou tout au moins de mécontenter Runtjet-Singh, qui s'était déclaré l'ami fidèle des Anglais? Mais il semble bien qu'il eût pu, en une telle conjoncture et sans compromettre son prestige, faire entendre des conseils de prudence et de modération et jouer entre les deux partis le rôle de conciliateur. Quoi qu'il en soit, Dost-Mohammed, dépité et inquiet, se décida à chercher à Saint-Pétersbourg l'appui qu'il ne pouvait trouver à Calcutta et s'adressa au tsar, qui s'empressa de faire partir pour Caboul un envoyé extraordinaire, Viktevich. Ce fut le feu mis aux poudres. Aussitôt le gouvernement de l'Inde se rappela les invasions antérieures et les projets de Napoléon et du tsar Paul Ier, et le spectre de la domination russe à Caboul se dressa à ses yeux. Incontinent, les mesures furent prises pour envoyer une grande expédition à Caboul, détrôner Dost-Mohammed, et le remplacer par un ami dévoué par avance aux intérêts de l'Angleterre.

Les hostilités débutèrent dans l'Afghanistan méridional où une armée anglo-indienne de 21 000 hommes pénétra par la passe de Bolân. Candahar fut occupé en avril 1839, et Shah-Soudja, l'ancien émir qu'avait chassé Dost-Mohamed, intronisé à nouveau dans la grande mosquée : Ghasni fut prise d'assaut, et Dost‑

Mohammed, abandonné de la plupart de ses soldats, s'enfuit avec une poignée de fidèles au delà de l'Hindou-Kouch, puis dut se rendre finalement aux Anglais, qui l'internèrent dans l'Inde. Le 7 août, Shah-Soudja fit une entrée solennelle à Caboul et Burnes fut installé comme ministre résident auprès de lui.

Mais de cruels déboires ne tardèrent pas à montrer dans quelle erreur était tombé lord Auckland en employant cette méthode brutale d'implanter l'influence anglaise en Afghanistan. Le 2 novembre 1841, la population de Caboul s'insurgea; Burnes fut massacré avec une partie des officiers anglais et leurs partisans, et les troupes anglaises, isolées, ne pouvant vivre dans un pays où les difficultés de ravitaillement étaient extrêmes, durent signer une humiliante capitulation de retraite et quitter Caboul pour rentrer dans l'Inde. Attaquées par les tribus montagnardes maîtresses des défilés, épuisées par le froid et la faim, elles furent écrasées dans une série de combats meurtriers et massacrées en détail. A Gundamak, il ne restait plus que 20 soldats. Seul, le docteur Bryden, blessé, put s'échapper et apporter à Djellalabad la nouvelle de l'épouvantable désastre.

Quelques mois plus tard, il est vrai, une nouvelle armée anglo-indienne pénétrait en Afghanistan et entrait à Caboul; mais elle se bornait, pour toutes représailles, à détruire la citadelle et à incendier le bazar central, et rentrait dans l'Inde.

C'est qu'on avait compris enfin en Angleterre la lourdeur de la faute commise et qu'un vif sentiment de réaction s'y était produit contre la politique d'aventures et de conquêtes. On s'y était dit que cette politique avait nécessité, pendant trois années, l'emploi en Afghanistan d'une trentaine de mille hommes et une dépense totale de cinq cents millions, et l'on ne voulait plus entendre parler de contraindre les Afghans à accepter un émir imposé par la force, et Shah-Soudja ayant été, au cours des événements, massacré, le gouvernement de l'Inde se contenta de rendre à la liberté Dost-Mohammed qui remonta sur le trône de Caboul.

CHAPITRE X

Établissement de l'influence anglaise
en Afghanistan.

On a prétendu que, sous le coup de ce désastre, le gouvernement britannique avait adopté vis-à-vis de l'Afghanistan une politique d'inaction et d'indifférence, et lord Curzon a écrit même que le peuple anglais conçut pour ce pays un sentiment d'aversion et d'appréhension presque superstitieuse qui n'a pu être vaincu à la longue. Il se peut que ces sentiments, d'ailleurs fort compréhensibles, aient été ceux du peuple anglais; toutefois, il n'est pas exact que le gouvernement anglo-indien se soit désintéressé, à cette époque, de l'Afghanistan; seulement il modifia sa politique. Finissant par où il aurait dû commencer, il chercha à s'assurer une base solide d'opérations en plaçant sous l'influence anglaise les régions intermédiaires entre l'Afghanistan et l'Inde. Le Béloutchistan fut d'abord le théâtre où se manifesta son activité. Un petit corps d'armée anglo-indien s'étant présenté sous les murs de Kélat, la capitale du pays, le souverain baloutche dut signer un traité par lequel il se déclara vassal soumis, jura de se laisser guider toujours par les bons offices de l'agent politique anglais résidant à sa cour, concéda au gouvernement britannique le droit de placer des garnisons dans toutes les villes du Béloutchistan où il serait jugé convenable, dut accepter enfin le subside annuel qui le transformait en simple fonctionnaire de l'État voisin. En s'établissant dans le Béloutchistan, les Anglais devenaient les voisins immédiats de l'Afghanistan sur la frontière méridionale et prenaient ce pays à revers. Cette annexion fut complétée, en 1843, par celle du Scindh ou région du bas-Indus et, en 1845, par celle de la province de Peïchawer, depuis la limite des Yazof-Zaï, un peu au-dessus de la rivière de Caboul, jusqu'à la frontière du Scindh. La même année, lord Hardinge dirigeait la première guerre contre les Sikhs et, par le traité du 9 mars 1848, démembrait leur empire : le Cachemire formant un État autonome, le Moultan et le Pendjab laissés à leur roi. Sous le gouvernement de lord Dalhousie, qui succéda à lord Hardinge, le roi de Lahore était détrôné et le Moultan et le Pendjab définitivement annexés. En 1856, avait lieu l'annexion du royaume d'Aoudh. Aucune région indépendante ne se trouva plus interposée dès lors entre l'Afghanistan et l'Inde anglaise qui devint contiguë à l'Ouest et au Sud avec ce pays. Treize ans avaient suffi pour mener à bien cette besogne.

Et alors le moment fut jugé opportun d'entrer en conversation avec l'émir afghan Dost-Mohammed, qui était encore sur le trône où les Anglais l'avaient laissé remonter et qui, ayant repris ses premiers bons sentiments à leur égard, ne demandait qu'à s'y prêter et cherchait d'ailleurs à réaliser par lui-même ce que le gouvernement de l'Inde avait voulu faire par ses propres forces : un État afghan unifié à l'intérieur et fort au dehors. Déjà, en 1850, il avait repris Balk et raffermi son autorité sur le Turkestan afghan et dans le bassin de l'Oxus. Il convoitait Hérat, et était inquiet des prétentions de la Perse sur cette ville. On tomba facilement d'accord, et, par le traité de Peïchawer (30 mars 1855), il fut stipulé qu'entre « l'Honorable Compagnie des Indes et Sa Hautesse l'émir Dost-Mohammed-Khan, vali de Caboul, il y aurait paix et amitié perpétuelles; que la Compagnie des Indes s'engageait à respecter les territoires de Sa Hautesse, à n'y jamais intervenir et que, de son côté, Sa Hautesse s'engageait à être l'ami des amis et l'ennemi des ennemis de ladite Compagnie ». Deux ans après, une nouvelle convention, par laquelle le gouvernement de l'Inde consentait à accorder son appui à Dost-Mohammed dans ses démêlés avec la Perse, acheva la réconciliation. Fort de cette amitié, Dost-Mohammed put rentrer en possession de Candahar et s'empara en 1862 de Hérat. Après sa mort, la même amitié fut continuée à son fils et successeur Shere-Ali, auquel furent fournis des armes, de l'artillerie et trois millions par le traité d'Ambala en 1869.

Cependant, tandis que les Anglais poussaient leurs frontières jusqu'au front du Sud et Ouest du plateau afghan et cherchaient à faire graviter ce pays dans l'orbite de l'empire des Indes, les Russes ne demeuraient pas inactifs. Eux aussi avaient compris après l'échec de la mission Vitkevich, en 1839, qu'il était vain de vouloir faire une politique active en Afghanistan, alors que leurs possessions de Sibérie et d'Europe étaient séparées par des centaines de lieues de ce pays. En 1840, les postes russes les plus avancés en Asie Centrale étaient sur le Syr-Daria et l'Irtych. Dès 1845, les Kirghiz étaient soumis et des expéditions dirigées contre Khiva. Malgré l'échec de ces dernières, les Russes avaient réussi à prendre pied en 1852 dans le khanat de Kokhand. En 1865, Tachkend était enlevé, quelques mois plus tard, Khodjent, et, en 1868, le général Kaufman s'emparait de Samarcande et obligeait le khan de Boukhara à devenir vassal de la Russie. En 1873 enfin, trois colonnes lancées simultanément contre Khiva avaient raison de la place. Par ces dernières conquêtes, la

Russie touchait à l'Amou-Daria, au Pamir et devenait limitrophe de l'Afghanistan sur toute la frontière nord de ce pays; et dès lors se trouva posée la question de la détermination de la frontière russo-afghane, entre la Russie et l'Angleterre, toute-puissante à Caboul et forte des traités d'amitié conclus avec Dost-Mohammed et Shere-Ali. Par le traité conclu en 1872, la frontière nord de l'Afghanistan fut déterminée, d'un commun accord, par une ligne allant de Sarakhs à Khodja-Saleh, bac de l'Oxus sur la route de Boukhara à Balk, puis remontant l'Amou-Daria jusqu'au confluent de la Koktcha, englobant ainsi le Badakchan et le Wakan. Ce traité doit être considéré comme un des plus beaux triomphes de la politique coloniale de Gladstone. En consentant à ce que l'Angleterre fixât exclusivement avec elle la question de la frontière nord du pays afghan, la Russie s'engageait à ne pas dépasser la limite alors tracée et laissait le champ libre à sa rivale. L'Afghanistan était ainsi reconnu implicitement graviter dans l'orbite de l'empire anglo-indien, et ce magnifique résultat, le gouvernement britannique l'obtenait sans qu'il eût eu à dépenser ni un soldat ni un écu.

Il ne restait plus dès lors au gouvernement de l'Inde qu'à faire accepter par l'émir d'Afghanistan les conséquences de l'accord anglo-russe. Aucune difficulté ne paraissait devoir être soulevée de ce côté. Même Shere-Ali, pensant qu'après la signature de cet accord, le meilleur parti pour lui était de prendre les devants, venait d'envoyer, à la fin de 1873, un de ses ministres à Simla, afin de se rendre compte de l'appui qu'il pourrait trouver auprès du gouvernement de l'Inde dans les difficultés d'ordre intérieur et extérieur qui pourraient surgir. Le vice-roi de l'Inde, lord Northbrook, entrant dans les vues de l'émir, proposa alors au Foreign-Office d'assurer au gouvernement afghan que « à la condition qu'il acceptât de se conduire suivant les avis de la Grande-Bretagne dans toutes ses relations extérieures, on lui fournirait, si cela devenait nécessaire pour repousser une agression non provoquée, de l'argent, des armes et des troupes ». Que l'avis de lord Northbrook prévalût, et c'était la question de l'Afghanistan résolue. Mais l'attitude de M. Gladstone fut tout autre que ne l'espérait le gouvernement de l'Inde. Le Premier, qui avait pourtant apporté tous ses soins à la conclusion du traité anglo-russe, quand il s'agit de tirer les conséquences de cet accord, recula et donna l'ordre de répondre à l'envoyé de l'émir « qu'il convenait de renvoyer à un moment plus opportun la discussion de la question des relations définitives à établir entre l'Afghanistan et l'Inde ».

On a reproché à M. Gladstone la timidité et l'indécision dont il fit preuve en cette occurence, et l'on a voulu voir dans son attitude la cause première des complications qui advinrent par la suite; et, certes, ce manque de résolution serait peu explicable, si l'on ne tenait compte de l'état de l'opinion et des idées qui régnaient à cette époque en Angleterre en matière économique et coloniale. L'histoire de la politique coloniale de la Grande-Bretagne entrait alors dans sa troisième phase. Après le système de l'exploitation directe des colonies par la métropole qui avait pris fin avec la proclamation de l'indépendance des États-Unis, après l'abandon du système du paiement de subsides annuels donnés par la mère patrie pour couvrir les frais d'administration de ses possessions, venait de s'ouvrir l'ère de la liberté et de l'autonomie pour les colonies, avec la charge pour elles d'assurer les dépenses de leur administration intérieure. « Donnez aux colonies le *self-government*, avait dit, en 1849, Cobden à Manchester, et, en même temps, mettez à leur charge les frais de gouvernement; » et il ajoutait comme corollaire que les colonies ne devaient être retenues à la métropole que par l'affection et ne devaient être prisées que pour le mouvement commercial auquel elles donnaient lieu. On ne voulait plus faire de sacrifices, soit en hommes, soit en argent, pour les colonies: on ne voulait plus entendre parler de difficultés et de complications lointaines; on cherchait surtout à favoriser le développement économique et commercial de la métropole. Le Foreign-

Office était entré dans cette voie. Même, dans les Indes, étaient des vice-rois qui estimaient que la meilleure condition de stabilité d'un empire colonial devait reposer, non sur l'acquisition de nouveaux territoires ou l'extension du protectorat britannique sur les contrées adjacentes aux Indes, mais sur la reconnaissance et l'affection qu'auraient les indigènes pour les services rendus, et l'on avait vu lord Lawrence, au cours des querelles intestines qui suivirent la mort de Dost-Mohammed, se refuser à toute intervention, de peur de mécontenter les Afghans, et ne sortir de cette neutralité voulue que lorsque la fortune se fut définitivement déclarée en faveur de Shere-Ali. En fait, le gouvernement anglais était arrivé à cette conception : c'est que les possessions territoriales importent peu pourvu qu'elles aient la porte ouverte et qu'elles offrent un minimum de sécurité pour les choses et les personnes. Le libre-échange avant tout. « C'était la doctrine de l'école de Manchester, a pu dire plus tard lord Salisbury, de considérer les colonies comme un fardeau; » et M. Gladstone ne craignait pas de dire que le pire malheur qui pût arriver à un État était d'avoir des colonies. Comment, sous l'empire de telles idées, le Premier eût-il pu, en accédant au désirs de Shere-Ali et aux propositions de lord Northbrook, vouloir obliger l'Angleterre à intervenir d'une manière répétée dans les compétitions et les révoltes alors sans cesse renaissantes à Caboul? Homme d'État anglais, il avait bien osé, sous la pression des exigences de la politique traditionnelle de la défense de l'Inde, écarter, par le traité de 1872, une puissance étrangère de la frontière du haut Indus; il ne pouvait, partisan fervent de l'école de Manchester, aller plus loin et laisser l'Angleterre se fourvoyer dans le guêpier afghan.

Sans doute, les doctrines de Manchester sont bonnes : ne pas employer la violence pour implanter l'influence de la métropole dans une contrée lointaine, n'imposer au contribuable métropolitain aucunes charges militaires ou financières pour l'administration de la colonie, asseoir la sécurité de l'Empire non sur la force, mais sur l'affection des indigènes, on n'a pas mieux trouvé en matière de politique coloniale et c'est l'idéal que toute puissance colonisatrice doit s'efforcer d'atteindre. Encore faut-il ne point se dérober aux responsabilités qu'entraîne l'application de ces principes, sinon, on risque d'aller à l'encontre du but visé et de faire naître les difficultés que l'on avait précisément voulu éviter. L'Angleterre allait faire la cruelle expérience de cette vérité.

Tout d'abord, Shere-Ali, irrité de l'avortement des négociations dont il avait pris l'initiative et supputant qu'il n'y avait aucun fond à faire sur l'appui de l'Angleterre, chercha à se tourner vers la Russie et, dans un accès de mauvaise humeur, refusa au colonel anglais Forsyth, qui revenait de remplir une mission à Kachgar, de traverser le territoire afghan. Puis, le malheur voulut que le cabinet Gladstone fût renversé le 21 juillet 1874, et remplacé par le ministère Disraeli. L'orientation de la diplomatie britannique fut modifiée du coup. Les doctrines de l'école de Manchester furent abandonnées; l'ère de la politique impériale qui préconise l'emploi de la force comme le meilleur moyen de consolidation de l'Empire fut inaugurée, et tout aussitôt on fit à l'Afghanistan l'application de la nouvelle manière d'agir.

Le 22 janvier 1875, une dépêche de lord Salisbury, sous-secrétaire d'État pour l'Inde, avisait lord Northbrook d'avoir à demander à Shere-Ali qu'il consentît à l'établissement dans les principales villes de ses États d'agents anglais chargés de renseigner le vice-roi sur les dispositions des populations et sur les menées qui pourraient être nouées avec ces dernières par une puissance étrangère. En vain le prudent lord Northbrook signala-t-il le danger qu'il y avait à envoyer une telle missive. Lord Salisbury tint bon, ordonna même de faire partir une mission à Caboul pour traiter de l'acceptation de ses propositions et, devant les scrupules persistants de lord Northbrook, le remplaça par lord Lytton. Aussitôt celui-ci, saisissant le premier prétexte venu, s'empressa d'annoncer à l'émir qu'il se proposait de lui faire notifier par une ambassade spéciale la proclamation de la reine

Victoria comme impératrice des Indes. Shere-Ali ayant décliné cet honneur en déclarant qu'il ne pouvait répondre de la sécurité de la mission anglaise, les événements se précipitèrent. Des conférences qui eurent lieu, en février 1877, à Peïchawer entre un envoyé de l'émir et un représentant du vice-roi n'eurent d'autre résultat que de mettre en évidence la tension qui existait entre les deux gouvernements, et le 17 juillet 1878, Shere-Ali ayant reçu à Caboul la mission russe du général Stoliétoff et refusé d'accueillir la mission anglaise de sir Neville Bowles, que le vice-roi de l'Inde avait envoyée auprès de lui pour déjouer les menées de la mission russe, la guerre fut déclarée.

Trois corps d'armée entrèrent en Afghanistan, l'un par la passe de Khaïber, le second, par celle de Kouroum, le troisième par la vallée de Pishin. Caboul et Candahar furent occupés, Shere-Ali dut se réfugier à Mazar-i-Chérif, à l'extrémité nord de ses États, où il ne tarda pas à mourir, et son fils Yacoub-Khan dut signer, le 26 mai 1879, le traité de Gundamak par lequel il cédait la partie de l'Afghanistan située à l'Orient de la chaîne occidentale des monts Souleïman, c'est-à-dire les vallées de Kouroum, de Pishin, de Sibi et le territoire de Khaïber, acceptait la présence, à titre permanent, à Caboul, d'un agent anglais d'origine européenne, et consentait à placer ses relations extérieures sous le contrôle du gouvernement qui, en échange de ces concessions, s'engageait à lui fournir argent, armes et troupes, en cas d'agression étrangère.

C'étaient l'Afghanistan complètement subordonné et l'émir transformé en feudataire de la cour des Indes. Mais l'amour des Afghans pour leur indépendance, leur humeur farouche, leur répulsion à l'égard de l'étranger, furent plus forts que la politique des gouvernants, et l'on vit se renouveler les scènes tragiques qui avaient ensanglanté Caboul en 1839. Cinq semaines après son entrée à Caboul, le nouveau résident, Cavagnari, était massacré comme l'avait été son prédécesseur Burnes, avec toute son escorte. De nouveau il fallut diriger contre l'Afghanistan une expédition, qui fut la quatrième. Après une marche forcée à travers la passe du Kouroum, le général Roberts occupa Caboul; l'émir Yacoub, soupçonné de complicité, dut abdiquer et fut interné dans l'Inde, et Abdurrhaman, petit-fils de Dost-Mohammed, proclamé officiellement, le 22 juillet 1880, au nom du gouvernement de Sa Majesté Britannique, en qualité d'émir d'Afghanistan.

Éclairé enfin par l'expérience, le gouvernement anglais renonça à la prétention d'avoir un résident anglais de race européenne à Caboul et se contenta de la présence d'un agent musulman. Mais toutes les autres clauses essentielles du traité de Gundamak furent maintenues, notamment celle qui visait le contrôle des relations extérieures de l'Afghanistan, et celle-ci dut être acceptée par Abdurrhaman avant son élévation au pouvoir. Dans la lettre qu'il adressait à ce dernier, alors qu'il briguait sa succession au trône, le général Roberts précisa nettement les conditions que mettait le gouvernement britannique à la reconnaissance d'Abdurrhaman et à l'entente avec lui. « En ce qui concerne, disait-il, la situation de l'émir de Caboul vis-à-vis des puissances étrangères, étant bien entendu que le gouvernement de l'Inde n'admet aucun droit d'intervention de ces puissances en Afghanistan, et puisque la Russie et la Perse se sont engagées à s'abstenir de toute intervention politique dans les affaires de ce pays, il est manifeste que l'émir ne peut avoir de relations politiques avec une nation autre que l'Angleterre ; et si une puissance quelconque essayait d'intervenir en Afghanistan et dirigeait une agression non provoquée contre l'émir, le gouvernement anglais devrait, le cas échéant, repousser cette agression à la condition que l'émir se conforme, dans ses relations extérieures, aux avis du gouvernement anglais. »

Telles sont les obligations réciproques qui furent contractées alors par le gouvernement anglo-indien et l'État afghan. Elles furent scrupuleusement observées par Abdurrhaman tout le cours de son règne. D'autre part, le gouvernement anglo-indien ne lui ménagea pas son appui. Il l'aida tout d'abord à triompher de son rival, Eyoub-Khan, le frère d'Yacoub, qui lui disputait le pouvoir. Maître d'Hérat, Eyoub, après avoir battu le général Burrow, près du fleuve Helmend, était venu assiéger Candahar et avait attaché à sa cause la moitié de l'Afghanistan. Le général Roberts se porta sur Candahar, débloqua la place le 21 juillet 1880, y fit reconnaître l'autorité d'Abdurrhaman et ne rentra dans l'Inde qu'après avoir rétabli l'ordre dans le pays. Dans une circonstance fort critique se rapportant à un incident de frontière, le gouvernement britannique prêta encore ses bons offices à l'émir. Poursuivant ses conquêtes dans l'Asie Centrale, la Russie avait, après la prise de Khiva, étendu son pouvoir sur les Turcomans des steppes, puis sur la région comprise entre la mer Caspienne, l'Amou-Daria et l'Atrek, et occupé enfin Merv au commencement de janvier 1884. Elle prétendait en outre à la possession de tout le pays situé au Sud-Est de cet oasis jusqu'à Zulficar sur l'Hériroud et Bala-Mourghab, et l'émir, qu'appuyait la diplomatie anglaise, faisait valoir ses droits sur la région, quand le général Komaroff, brusquant la situation, pénétra sur le territoire en litige, battit les Afghans et s'empara du territoire contesté. Aussitôt le gouvernement britannique, interprétant à la lettre la clause du traité par laquelle il devait à l'émir assistance en cas d'agression non provoquée, fit entendre ses réclamations à Saint-Pétersbourg, activa ses armements, concentra des troupes à la frontière afghane, et des négociations aboutirent au traité de Saint-Pétersbourg du 22 juillet-3 août 1887, qui fixa une nouvelle frontière entre l'Afghanistan et la Russie. Si cet accord donna à cette dernière à peu près tout le territoire contesté, du moins l'Angleterre obtint-elle ici encore confirmation de la situation qu'elle tenait, de par les accords antérieurs, en Afghanistan.

Quelques années après d'ailleurs, un dernier règlement de frontière nécessité par des difficultés survenues du côté du Turkestan afghan vint compenser largement pour l'émir la perte du territoire perdu au midi de Merv. Cette fois, les Afghans avaient été les agresseurs. Malgré les stipulations du traité anglo-russe de 1872 qui avait fixé la limite entre l'Afghanistan et le khanat de Boukhara, vassal de la Russie, au cours de l'Amou-Daria, ces derniers, sans attendre qu'une commission eût fixé ces limites sur place, avaient, en 1883, franchi le fleuve et s'étaient emparés du Wakhan, du Chougnan et du Rochan. Par elle-même la région a peu de valeur; la population y est très clairsemée sur d'immenses espaces : c'est tout au plus si on y compte 35 000 habitants, mais elle a une importance stratégique de premier ordre. C'est le plateau du Pamir, « le Toit du monde », le nœud orographique de toute l'Asie, d'où s'irradient les cimes les plus altières du globe, le Korakorum, l'Himalaya, l'Hindou-Kouch, l'Altaï. Le possesseur du Pamir est le maître de tous les défilés qui conduisent dans cette direction dans l'Inde, l'Afghanistan, la Chine, le Turkestan et la Russie d'Asie.

On comprend l'intérêt majeur qu'avait la Russie à ne pas se laisser évincer d'une telle région. Pour mettre fin aux empiétements afghans et fixer une fois pour toutes la frontière dans ces parages, elle entama des pourparlers à Londres. Au cours des négociations qui s'ensuivirent, elle fit preuve, du reste, de modération et de désintéressement. Malgré les clauses du traité de 1872 qui donnait à la Russie les territoires au nord de l'Oxus, à l'Afghanistan ceux situés au midi de ce fleuve, l'Angleterre insistait pour que le Wakhan fût laissé à l'émir, de manière à rester maîtresse des passes et des défilés qui, à travers la chaîne de l'Hindou-Kouch, aboutissent dans le bassin de l'Indus. C'était demander à la Russie de renoncer à la possession du Petit Pamir. Pourtant, celle-ci voulant montrer qu'elle n'avait aucune visée qui pût faire craindre pour la sécurité de l'Inde, se prêta de bonne grâce à une pareille cession, et ne se réserva que le Grand Pamir. Aux termes de l'accord conclu le 11 mars 1895, le Chougnan et le Rochan firent retour à l'empire russe; le Wakhan fut laissé à l'Afghanistan, sous la réserve toutefois qu'il serait neutralisé, qu'on n'y élèverait aucune fortification, qu'il n'y serait maintenu aucune troupe, de manière que cette bande de terrain jouât le rôle de tampon entre les deux grands empires.

De son côté, Abdurrhaman a rendu à l'Angleterre le plus signalé service en réalisant ce que n'avaient jamais pu faire ses quatre prédécesseurs sur le trône afghan, Chah-Soudja, Dost-Mohammed, Shere-Ali et Yacoub : il a organisé l'État afghan. Il sut obtenir l'obéissance des tribus pourtant si jalouses de leur demi-indépendance et si turbulentes. Il s'attacha en outre à se fortifier contre une attaque possible du dehors en élevant des travaux de fortification le long de la frontière russo-afghane. Hérat et plusieurs autres points de l'Afghanistan furent fortifiés sous la direction d'ingénieurs anglais. Le gouvernement de l'Inde, pour lui faciliter la mise en état de défense de cette région, ayant décidé de lui allouer une somme de deux millions, qui fut portée à trois millions en 1893 à la suite de la mission de sir Mortimer Durand à Caboul et pour dédommager l'émir de la cession à l'empire anglo-indien de ses territoires à l'est des monts Souleïman, Abdurrhaman employa loyalement cet argent à organiser une armée et à l'approvisionner d'armes et de munitions.

CHAPITRE XI

Le dernier traité anglo-afghan.

A la mort d'Abdurrhaman survenue en 1901, le but poursuivi depuis un siècle par l'Angleterre, après bien des erreurs, des tâtonnements et des fautes, était atteint. D'une part, l'Afghanistan était devenu un État organisé et armé; d'autre part, il était subordonné dans ses relations extérieures à l'Angleterre, et cette subordination était reconnue par la Russie et par la Perse. Tout récemment un dernier accord est intervenu avec son successeur Habibulla. Lord Curzon qui, au cours de sa vice-royauté, avait déjà consolidé l'influence britannique dans le golfe Persique et ouvert le Thibet au commerce anglais, a voulu resserrer les liens d'amitié unissant l'Afghanistan à l'empire anglo-indien et a envoyé à Caboul une mission à la tête de laquelle était M. William Dane, secrétaire général de l'Inde pour les Affaires étrangères. Partie en décembre

1904, la mission, après avoir séjourné trois mois à Caboul, en a rapporté un traité aux termes duquel « Sa Majesté l'émir, par les présentes, s'engage à remplir les clauses des accords conclus par son père avec la Grande-Bretagne au sujet des affaires extérieures et intérieures de l'Afghanistan et à n'y contrevenir par aucune action et aucune promesse »; et aussi par lequel « l'honorable William Dane confirme les accords conclus au sujet desdites affaires entre le gouvernement britannique et le père de Sa Majesté l'émir et promet de ne rien faire qui soit contraire à ces accords ». Sous ces termes, il faut entendre les accords conclus entre le gouvernement anglo-indien et Abdurrhaman au moment de l'accession au trône de ce dernier et lors de la mission de sir Mortimer Durand en 1893 à Caboul, accords par lesquels l'émir renonce à toutes relations extérieures avec une puissance étrangère et cède la partie de ses États au delà de la chaîne occidentale des monts Souleïman, et la Grande-Bretagne s'engage à ne jamais s'immiscer dans les affaires intérieures de l'Afghanistan et à payer à l'émir un subside annuel de trois millions.

A la vérité, ce traité a causé un certain désappointement de l'autre côté du détroit parmi les partisans de la politique impériale et de l'expansion à outrance de l'empire britannique. Ceux-ci, escomptant des avantages plus substantiels, avaient espéré que la mission aurait pour résultat l'installation de résidents d'origine européenne à Hérat, à Candahar, à Mazar-i-Chérif, la nomination d'instructeurs anglais pour l'armée afghane, l'ouverture de voies de communication, chemins de fer et télégraphes à travers les États de l'émir. Le traité anglo-afghan ne faisant aucune allusion à ces désidérata, ils l'ont déclaré insuffisant et quelques-uns même ont conclu, dans ces conditions, à l'inutilité de la mission, en faisant remarquer qu'il n'y avait aucune urgence à obtenir de l'émir Habibulla une nouvelle confirmation des traités conclus par son père auquel il a succédé régulièrement, qu'une telle confirmation n'était nécessaire que dans le cas où un aventurier se serait frayé un chemin au trône et n'aurait pas été regardé comme lié par les engagements pris par son prédécesseur.

Mais pour qui tient compte des données de l'histoire des relations du gouvernement anglo-indien et de l'Afghanistan, il est difficile de se placer à ce point de vue. Considéré en lui-même, le traité est d'abord une preuve du maintien et de la continuation des bons rapports qui existent entre le gouvernement anglo-indien et l'émir, et cette affirmation n'est pas faite pour déplaire à Londres et à Calcutta. Et pour ce qui est de l'installation d'agents européens en Afghanistan, il y a lieu de se demander si de telles mesures ne sont pas, à l'heure actuelle, prématurées et ne seraient pas la source de difficultés dans le présent et de complications dans l'avenir. L'installation de résidents européens auprès d'un souverain indigène n'est indiquée que dans un pays familiarisé déjà avec la civilisation européenne, où la population est de mœurs paisibles, où le pouvoir central est assez conscient des responsabilités qui lui incombent et surtout assez sûr de sa force pour assurer la sécurité du résident. L'histoire coloniale de l'Angleterre montre que, lorsque le gouvernement britannique ne s'est pas conformé à ces indications, s'en sont suivis les pires malheurs. En 1816, l'agent anglais nommé auprès du gouvernement du Népâl fut massacré à Khatmandou. En 1820, le résident Lyall fut chassé de Madagascar, après avoir subi de telles épreuves qu'il demeura frappé d'aliénation mentale. Vers la même époque, à Kowéït, le résident anglais, qui venait de prendre possession de son poste, dut se retirer pour échapper aux vexations de la population arabe. En 1839, Burnes, et en 1881, Cavagnari étaient assassinés à Caboul. La leçon paraît avoir été comprise. L'Angleterre a agi sagement au Thibet en ne demandant pas l'installation d'un agent d'origine européenne; et elle n'a pas voulu se payer le luxe d'une nouvelle expérience à Caboul, d'autant que si le gouvernement afghan est d'accord avec le gouvernement anglo-indien, la population indigène n'est pas entrée en contact avec la civilisation européenne. Sauf quelques médecins et quelques ingénieurs employés par les derniers émirs dans des conditions spéciales, aucun Européen n'a séjourné en Afghanistan. Aucun chemin de fer, aucune ligne télégraphique n'existe encore dans cet État qui est resté aussi isolé de l'Europe que l'a été jusqu'à ces dernières années le Thibet.

Avant d'établir des résidents de race anglaise en Afghanistan, il faut d'abord songer à ouvrir le pays aux Européens, et de ce point la mission s'est préoccupée. Bien que le traité qui vise exclusivement la situation générale respective de l'Afghanistan et de la Grande-Bretagne n'en fasse pas mention, d'autres questions ont été traitées à Caboul. « L'un des chefs de la mission, a dit M. Brodrick au Parlement britannique, a été d'entretenir des relations amicales avec l'émir, en ce qui concerne certaines questions subsidiaires. Ces questions sont la création d'un chemin de fer stratégique à Dakka, sur la frontière, en vue d'éviter les difficultés du passage de Khaïber et d'assurer une meilleure mobilisation des troupes, la façon dont l'émir peut user de son influence sur les tribus qui bordent la frontière nord-ouest, l'achat et l'importation d'armes en Afghanistan ». Elles paraissent avoir été résolues dans le sens anglais, et déjà l'on annonce la mise à l'étude du chemin de fer de Peïchawer à Dakka.

IV

LES ANGLAIS AU THIBET

CHAPITRE XII

Premières relations des Anglais avec les Thibétains.
Le Grand-Lama de Taschi-lumbo.

Les premières relations des Anglais avec les
Thibétains remontent à la fin du xviiie siècle. La
Compagnie des Indes venait à peine d'établir sa
suprématie au Bengale; elle n'avait pas encore
rangé sous son autorité l'Inde Centrale et les
provinces du Nord-Ouest, et déjà son attention
était portée, par delà les cimes de l'Himalaya,
vers le Thibet, et sa politique se trouvait mêlée
aux affaires de ce pays. Un incident fortuit fut la
cause qui mit dès cette époque la Compagnie des
Indes et les Thibétains en contact. Après la célèbre
victoire de Plassey (23 juin 1757) qui disposa du

sort du Bengale en faveur des Anglais et la bataille de Buxar (23 octobre 1764) qui brisa les forces de l'empire mongol et du nabab d'Aoude, les possessions anglaises étaient devenues limitrophes au nord du petit État du Boutan, sis au pied de l'Himalaya. Le rajah de ce pays, mettant à profit l'état troublé de la province du Bengale où les Anglais avaient de la peine à faire reconnaître leur autorité par leurs nouveaux sujets, envahit la partie nord du pays et s'empara du district de Coucha-Bahar qui confinait à ses États. L'ordre rétabli et sa domination consolidée, la Compagnie des Indes voulut tirer vengeance de cette incursion, et une expédition fut dirigée contre les Boutaniens. Ceux-ci furent repoussés, Coucha-Bahar réoccupé, le Boutan à son tour envahi et Tassissoudun, sa capitale, menacée. Les troupes anglaises allaient poursuivre le cours de leurs exploits et s'emparer de tout le pays lorsqu'un événement bien inattendu vint suspendre leur marche. Le 29 mars 1774 on vit arriver à Calcutta une ambassade thibétaine qui avait mission de remettre de la part du régent du Thibet une lettre adressée à « Warren Hastings, président et gouverneur du fort Williams, au Bengale ». « Béni soit Dieu, disait le régent, de ce que l'étoile de votre fortune est à son apogée ! Je ne désire ni opprimer ni persécuter. Les principes de notre religion sont de nous priver d'aliments et de sommeil plutôt que de nuire au moindre individu.

Avec votre faveur, je suis le rajah et le lama de ces contrées et je gouverne un grand nombre de sujets.

« J'ai été informé que vous étiez en guerre avec le rajah du Boutan qui a commis le crime d'attaquer vos frontières; il a reçu le châtiment qu'il méritait. Il est aussi clair que le jour que votre armée a été victorieuse et que, si vous l'aviez voulu, vous auriez pu exterminer le rajah dans l'espace de deux jours car il n'avait aucun moyen de vous résister. Mais je me charge d'intercéder pour lui et de vous représenter que le rajah est dépendant du Dalaï-lama, qui règne en ce pays avec un pouvoir absolu et dont je gouverne les États pendant le temps de sa minorité. Si vous persistez à vouloir désoler le pays du rajah, vous irriteriez contre vous le Dalaï-lama et ses sujets. J'ai réprimandé le rajah sur sa conduite passée et l'ai exhorté à vous être désormais soumis en toutes choses. Traitez-le avec compassion et clémence. Pour moi, je ne suis qu'un pauvre faquir. La coutume de mes pareils est de porter un rosaire dans les mains, et de prier pour le bien-être du genre humain, et spécialement pour la paix et le bonheur des habitants de ces contrées. En ce moment, la tête découverte, je vous conjure de ne plus faire la guerre au rajah. En accédant à ma demande, vous me donnerez la plus grande marque de faveur et d'amitié ».

L'arrivée de l'ambassade thibétaine et le message

du régent du Thibet furent considérés à Calcutta comme un gros événement. Jusqu'alors aucune relation directe n'avait existé entre le Bengale et le Thibet. La Compagnie des Indes était fort peu renseignée sur ce pays et sur ses limites précises. Où commençaient, où finissaient ces dernières? En ce qui concerne le Boutan, la dépendance de cette contrée vis-à-vis du Thibet se trouvait être pour les Anglais une révélation. On ignorait également en quels points de son territoire le Thibet était limitrophe de la Chine. Tout ce qu'on savait, c'est qu'il touchait aux provinces occidentales de cet empire et qu'une communauté d'intérêts commerciaux, politiques et religieux, unissait plus ou moins étroitement les deux pays.

Warren Hastings, le destinataire de la lettre écrite par le rajah du Thibet, interrogea avidement les ambassadeurs thibétains qui lui apprirent que leur pays était gouverné actuellement par le Taschi-lama ou supérieur du grand monastère de Taschi-lumbo; que ce dernier faisait fonctions de régent pendant la minorité du Dalaï-lama, le souverain du pays, dont il était le tuteur; que le Dalaï-lama réunissait dans sa personne l'autorité spirituelle et l'autorité politique, mais que, cependant, comme prince temporel, il reconnaissait la suprématie de l'empereur de la Chine. Ils donnèrent en outre beaucoup de renseignements sur la contrée d'où ils venaient et sur la route qu'il fallait suivre pour s'y rendre.

Les présents mêmes qu'ils portaient de la part du Taschi-lama ajoutaient à la valeur des renseignements qu'ils transmettaient et à l'intérêt qu'ils inspiraient. Dans le nombre de ces présents étaient des cuirs dorés, des talents d'or et d'argent, des bourses de poudre d'or, des sachets de musc pur, des draps étroits fabriqués au Thibet et des soieries de Chine. Les coffres qui contenaient les présents étaient bien travaillés et joints en queue d'aronde. Ces divers objets firent croire à Calcutta que le Thibet était un pays riche, avait un commerce étendu et avait fait certains progrès dans les arts utiles.

Warren Hastings était un homme plein d'initiative et avait de l'ambition. A la suite de la création du poste de gouverneur général de l'Inde, il venait d'être promu à cette éminente fonction et tenait à justifier le choix qu'on avait fait de lui. Il voulait faire grand. Dans cet état d'esprit, la démarche du Taschi-lama était bien faite pour lui plaire. Créer des relations entre le Bengale et le Thibet, faire ouvrir aux Anglais l'accès de ce pays, l'explorer, y faire pénétrer leurs marchandises étaient pour lui autant de séduisantes perspectives. L'horizon se découvrait encore plus loin devant lui. Par delà la barrière de l'Himalaya aplanie et le plateau thibétain asservi, il voyait s'ouvrir l'immense débouché de la Chine et sa fourmilière d'hommes. Les Chinois se montraient alors peu favorables au commerce par la voie de la mer et pleins de méfiance à l'égard des étrangers qui fréquentaient leurs ports. Ne pouvait-on espérer que l'on pourrait nouer avec eux des relations commerciales par la voie de terre, lesquelles ne leur inspireraient pas autant de méfiance et de précautions que celles qu'ils étaient amenés à pratiquer par la voie de mer avec les Européens? Et n'avait-on pas grande chance de réussir, si, pour établir ces relations, on se servait de l'intermédiaire du Taschi-lama? Le ton de la lettre du régent du Thibet montrait le bon sens, la modestie, la simplicité de cœur du personnage. Ses ambassadeurs racontaient qu'il était chéri pour sa bienveillance, la douceur de son commerce, et qu'il était très bien vu à la cour de Pékin. Ne pourrait-on se servir de son crédit auprès de l'empereur de la Chine pour arriver au but? Si l'on réussissait, quelle aubaine! C'était le commerce terrestre de la Chine avec l'Occident aux mains des Anglais et, pour la Compagnie des Indes, une source d'incalculables revenus.

Ces vues furent exposées le 14 mai 1774 par Warren Hastings au conseil de la Compagnie à Calcutta, qui en comprit de suite la haute portée. Sans hésiter, on accéda aux désirs exprimés dans la lettre du Taschi-lama. On résolut d'accorder la paix aux Boutaniens; on leur restitua le territoire conquis, on ne leur imposa aucune condition. En même temps on décida l'envoi au Thibet d'un officier anglais sous le prétexte très plausible de complimenter le Taschi-lama, au sujet des avances qu'il venait de faire au gouvernement britannique et de lui faire connaître que satisfaction complète avait été donnée à sa demande. Conformément à cette décision, M. Bogle fut chargé d'aller porter au Taschi-lama, dans sa résidence de Taschi-lumbo, une réponse à sa lettre avec des présents dignes de lui. De plus, il emportait avec lui une très grande quantité de marchandises, qui, pour la plupart, sortaient des manufactures anglaises, afin de voir quels seraient les objets qui conviendraient aux Thibétains. Il avait en outre pour mission de s'assurer quelle était la nature des productions du Thibet, quels articles de commerce on pouvait tirer de ce pays et des contrées adjacentes, quels moyens il fallait employer pour y former des relations et quels obstacles on aurait à surmonter pour y parvenir.

Arrivé à Taschi-lumbo, M. Bogle put y séjourner plus de six mois et sut gagner la confiance et l'amitié du Taschi-lama à un point tel que ce dernier voulut se faire élever un temple sur les bords du Gange et envoya dans cette intention une somme considérable au Gouverneur général de l'Inde avec une lettre curieuse, dans laquelle il lui disait qu'une des raisons qui lui faisaient désirer d'avoir un temple près de Calcutta, c'était qu'étant né plusieurs fois à la vie dans le cours des âges, il avait revêtu une forme mortelle en différents pays,

mais que le Bengale était la seule contrée où il se
fût réincarné deux fois, qu'en conséquence il aimait
ce pays plus qu'aucun autre et y voulait avoir sa
résidence. Quelques années après, une autre circonstance vint encore resserrer les liens qui unissaient le Taschi-lama et le gouvernenement de
l'Inde. L'empereur de la Chine ayant manifesté le
désir de voir le Taschi-lama se rendre à Pékin,
afin, disait-il, de révérer en lui le chef spirituel de
la religion bouddhique, à laquelle il se faisait gloire
d'appartenir, ce dernier ne voulut pas partir sans
s'être au préalable entendu avec le gouverneur
général des Indes au sujet des raisons à exposer à
l'empereur pour l'établissement de relations commerciales entre le Thibet et l'Hindoustan, et il
invita M. Bogle à se rendre par mer à Canton, en
lui promettant de lui faire obtenir de la part de
l'empereur un passeport qui pût lui permettre de le
rejoindre dans la capitale. Le passeport fut en effet
accordé et l'empereur permit qu'on établît des relations entre le Thibet et le Bengale.

Le Taschi-lama avait été reçu à Pékin avec des
honneurs extraordinaires par l'empereur; un mois
après il était mort. Presque en même temps mou-
rait M. Bogle. L'opinion générale au Thibet et dans
l'Inde, fut que l'empereur de la Chine mécontent
de voir que le Thibet avait été ouvert aux Anglais
par le Taschi-lama avait attiré ce dernier à Pékin
sous le fallacieux prétexte de lui rendre des hom-

mages religieux, l'avait fait empoisonner, et s'était en même temps débarrassé de M. Bogle. Quoi qu'il en soit, ce contretemps n'arrêta point l'action anglaise au Thibet, et un successeur ayant été nommé au Taschi-lama, M. Turner fut envoyé en 1783 par Warren Hastings en ambassade auprès du nouveau prince et rapporta de cette mission les assurances les plus formelles et les plus favorables à l'extension du commerce entre les deux pays.

Tout allait pour le mieux : un marché d'échanges des produits des deux pays avait été ouvert à Rung-pore, près de la frontière thibétaine, et un courant d'affaires se dessinait entre l'Inde et le Thibet. Déjà la Compagnie des Indes songeait à établir sur le plateau thibétain des factoreries semblables à celles qu'elle avait établies dans les principales villes de l'Inde, et même à ouvrir des relations commer-ciales avec la Chine occidentale, quand un chan-gement d'orientation dans la politique du gouver-nement de Calcutta vint anéantir le résultat de si laborieux efforts.

Warren Hastings n'était plus gouverneur général : lord Cornwallis, puis sir John Shore lui avaient succédé. Sous le gouvernement de ce dernier en 1792, une attaque des gens du Népâl eut lieu contre le Thibet. Les États du Taschi-lama furent envahis, ce dernier dut se réfugier à Lhassa, et le monastère de Taschi-lumbo, sa résidence habi-tuelle, dépouillé de toutes les richesses que la piété des siècles passés y avait entassées. Une armée chinoise de 70 000 hommes, rassemblée en hâte en Tartarie, vola au secours des Thibétains et défit dans deux batailles rangées les Népâlais. Les deux partis en présence se tournèrent alors du côté de Calcutta, les Népâlais demandant des secours pour résister aux Thibétains, ceux-ci réclamant l'aide des Anglais pour venir à bout des Népâlais. Sir John Shore, oubliant les liens d'amitié qui unissaient l'Inde et le Thibet, et cherchant avant tout à faire pénétrer l'influence anglaise au Népâl, refusa tout appui aux Thibétains et se déclara en faveur des Népâlais, auxquels il envoya comme ambassadeur le capitaine anglais Kircpatrick. Malavisée fut cette politique. Le général chinois, poursuivant ses avantages, envahit le Népâl, réduisit les ennemis à la dernière extrémité et les obligea à accepter les conditions de paix qu'il voulut leur imposer. C'est ainsi que les Népâlais durent restituer tout ce qu'ils avaient enlevé dans le monastère de Taschi-lumbo, payer un tribut annuel à la Chine, et laisser des garnisons chinoises s'installer dans leur pays. Le général chinois occupa en outre le pays du Sikkim, limitrophe du Népâl et du Boutan, et enserra le Boutan même dans un cordon de troupes qu'il installa sur ses frontières. Dès lors tout commerce régulier entre l'Inde et le Thibet cessa : le marché de Rungpore fut délaissé. Les Anglais n'eurent même plus le droit de pénétrer au Thibet et au Sikkim.

CHAPITRE XIII

Établissement de l'influence anglaise dans les pays dépendant du Grand Thibet et dans les provinces du Petit Thibet, du Moyen Thibet et du Sikkim.

Ainsi échoua l'œuvre commencée et développée sous de si heureux auspices par Warren Hastings. En présence de cet avortement dû uniquement à la politique de sir John Shore qui sacrifia l'amitié et l'alliance thibétaines au désir d'implanter l'influence britannique au Népâl, il est permis de se demander quels furent les mobiles qui purent déterminer le gouverneur général qui présidait alors aux destinées de l'Inde à abandonner la ligne de conduite de son prédécesseur, et à renoncer de son plein gré à des bénéfices déjà acquis et à un avenir plein de promesses. La Compagnie des Indes n'avait guère à cette époque affermi sa domination que sur le Bengale et sur la côte orientale de la péninsule. Le centre de l'Inde, tout le nord-ouest lui échappaient. L'empire du Grand Mogol, quoique très affaibli, subsistait toujours, et de vastes États comme les Mahrattes, les Sikhs, les Radjoutes formaient de redoutables confédérations avec lesquelles il fallait compter.

D'autre part, le Thibet et l'Inde étaient éloignés l'un de l'autre; entre eux étaient interposés un certain nombre d'États indépendants : la Birmanie à l'Est, le Boutan, le Sikkim, le Népâl au centre, les Sikhs à l'Ouest, s'étendant de l'Ouest à l'Est, au sud de l'Himalaya. On ne pouvait accéder au Thibet qu'en empruntant les routes traversant ces États, routes qui étaient bien les plus ardues qui fussent, suspendues comme elles étaient aux flancs des montagnes les plus hautes de la terre. D'ailleurs le Thibet était dans une dépendance étroite de la Chine qui veillait avec un soin jaloux au maintien de sa suzeraineté sur ce pays, comme on venait de le voir dans la guerre récente du Népâl. Dans ces conditions à quoi bon vouloir asseoir l'influence britannique au Thibet, quand on ne possédait pas même les États subhimalayens limitrophes? A quoi bon s'exposer à avoir des complications avec la Chine, cet empire qui paraissait si fort, et si peu vulnérable par terre? Précisément, on était en ce moment en guerre avec la France; on pouvait l'être demain avec les grands États indiens indépendants. N'y aurait-il pas un grave danger pour les possessions britanni-

ques de l'Inde si la Chine, devenue un ennemi irré-
conciliable, profitait des embarras de la Compagnie
pour jeter une grosse armée sur les frontières du
Bengale? N'était-il pas plus sage, plus prudent,
d'achever la conquête de l'Inde, puis de ranger sous
l'influence anglaise les États subhimalayens limitrophes du Thibet? Asseoir l'influence britannique
dans ces derniers États, n'était-ce pas d'ailleurs se
mettre dans de bonnes conditions pour exercer
une action efficace au Thibet, si le besoin de cette
action se faisait plus tard sentir? On dominait ainsi
les routes maîtresses qui mènent des vallées du
Gange et de l'Indus au plateau thibétain et l'on
tenait une base solide d'opérations pour les expéditions pouvant être jugées nécessaires. De plus,
les populations de ces régions avaient d'étroites
connexions avec celles du Thibet. Au Népâl, la
plupart des habitants ont des traits thibétains, leur
dialecte est un thibétain indianisé. De même au
Boutan et au Sikkim presque tous les habitants
appartiennent, par le fond de la langue et surtout
par les traits mongols de la physionomie, à la
grande famille mongolo-thibétaine. Ces populations
professent aussi en très grande majorité le même
culte : le bouddhisme, et reconnaissent la suprématie religieuse du chef de cette religion résidant à
Lhassa. Seuls, les Sikhs sont brahmanes ou musulmans. La Birmanie, le Boutan, le Sikkim sont tout
entiers bouddhistes; les deux tiers des indigènes du

Nèpâl le sont également. Même le Boutan était, à l'époque de sir John Shore, une dépendance politique du Thibet. On pouvait espérer que, grâce à ces affinités de race, de langue et de religion qu'on saurait utiliser, des relations de nature diverse pourraient être établies entre le Thibet et l'Inde, et que la pénétration pacifique de l'influence anglaise pourrait être effectuée dans ce dernier pays.

Quoi qu'il en soit de la valeur de ces raisons, il est certain qu'elles dictèrent la conduite des successeurs de Warren Hastings. La politique thibétaine fut abandonnée, et la Compagnie des Indes ne s'occupa plus désormais que de faire entrer dans sa sphère d'action les États indigènes limitrophes du Thibet et de l'Inde. Absorber ces États par une annexion directe ou se les rattacher suivant le cas par des alliances et des traités spéciaux, reporter les frontières des possessions britanniques au pied de l'Himalaya, se rendre maître des routes qui vont de l'un à l'autre pays, puis, ces résultats acquis, explorer et reconnaître le plateau thibétain et tirer parti de ses ressources au mieux des intérêts et de l'influence britanniques, tels furent les principes directeurs de la nouvelle politique à laquelle le gouvernement de Calcutta n'a pas dérogé depuis.

La Compagnie des Indes ne perdit pas de temps pour mettre à exécution le programme qu'elle avait conçu. Le roi de Népâl, chassé par ses sujets, s'était réfugié à Bénarès en 1800. Aussitôt les

Anglais profitèrent de l'occasion pour conclure un traité par lequel le capitaine Knox fut envoyé comme ministre résident à Khatmandou, la capitale du Népâl. Quelques années après, les Anglais entamèrent des négociations avec les Sikhs qui formaient un des États les plus puissants du nord-ouest de l'Inde et prédominaient dans le Pendjab. Ceux-ci avaient alors à leur tête un homme de haute intelligence, Rundjet-Singh « le lion du Pendjab », lequel, petit prince fugitif, dépossédé de ses minces États à la fin du XVIIe siècle, était devenu chef de la confédération des Sikhs par la force de ses armes et l'habileté de sa politique. La Compagnie des Indes réussit à s'entendre avec lui et à conclure en 1809 le traité d'Amritsar par lequel Rundjet-Singh s'engageait à ne faire aucune entreprise au delà du Satledj, affluent de l'Indus, et était, en échange, reconnu roi. Presque à la même époque leur action s'affirmait d'une manière énergique au Népâl. Les habitants de ce pays n'avaient pu supporter le nouvel état de choses créé par le traité de 1800. Ils s'étaient soulevés contre les Anglais, avaient massacré le ministre résident Knox et, avec lui, les principaux nobles du pays. Franchissant leurs frontières, les guerriers népâlais avaient porté leurs déprédations sur les territoires voisins et poussé leurs conquêtes à l'ouest jusqu'au Satledj; à l'est ils avaient enlevé au rajah du Sikkim la moitié de ses États, et au sud avaient fait des incursions dans les provinces de Bénarès et de Patna. La guerre leur fut déclarée en 1814. D'abord les Népâlais furent vainqueurs à la bataille de Kalanga où périt le général Gillespie. Mais, l'année suivante, ils éprouvèrent une série de défaites. Une armée indo-britannique vint camper sous les murs de Khatmandou et le roi du Népâl dut signer le traité de Sigoli par lequel le Sirmor avec Simla, le Koumaon et le Garwal furent annexés aux possessions britanniques, et le Sikkim placé sous le protectorat anglais.

La mainmise sur ce dernier État mettait les territoires dépendant de la Compagnie en contact immédiat avec le Thibet central et la province de Tsang. D'autre part, le traité d'Yandabo, conclu le 26 février 1826, après les victoires remportées sur les Birmans, ajouta aux possessions britanniques les provinces d'Assam, de Manipour, de Katchar jusqu'au nord du Brahmapoutre et les rendit ainsi limitrophes du Thibet oriental et de la province d'Oui. Quelques années plus tard, à la suite d'une guerre contre le Boutan, qui dut céder en 1841 à la Compagnie des Indes ses *terres basses* en Assam, la frontière indo-britannique se trouva encore rapprochée du Thibet oriental. Vers la même époque, la politique malavisée des Sikhs permit aux Anglais de reporter leur frontière nord-ouest jusqu'au Thibet occidental et même de placer sous leur influence cette partie du Thibet. Runjet-

Singh, tant qu'il avait vécu, avait respecté scrupu-leusement les engagements pris par lui vis-à-vis des Anglais et s'était montré l'allié fidèle de la Compagnie des Indes. Cette conduite lui avait permis de mener à bien de vastes entreprises. Tout d'abord il avait songé à réorganiser son armée. Ayant compris tous les avantages de la discipline et de la tactique européenne, il avait accueilli à sa cour plusieurs officiers français et italiens, le général Allard, Ventura, Aventabile, glorieux soldats des armées de l'Empire, qui lui dressèrent une armée solide, instruite et manœuvrière. Puis, il avait fait servir cette armée à augmenter l'étendue de ses Etats. Obligé qu'il était par le traité de 1809 à ne faire aucune entreprise au delà de la rive gauche du Satledj, il s'en était dédommagé en s'emparant de la plupart des contrées situées entre le Satledj et l'Indus, puis s'élevant au nord, avait conquis le Dardistan, ainsi que la haute vallée de l'Indus et les vallées adjacentes jusqu'à la cime du Korakorum. Plus entreprenant encore, un de ses lieutenants, Gulab-Singh, avait dépassé l'Indus, soumis le Baltistan ou Petit Thibet, et franchissant la formidable barrière du Korakorum, pénétré en 1840 dans le Moyen Thibet qu'il avait occupé. L'Empire des Sikhs fut alors à son apogée. Rundjet-Singh régna sur vingt millions d'hommes et devint le monarque le plus puissant de l'Asie Centrale.

Il méditait même la conquête du Grand Thibet lorsque la mort vint le surprendre au milieu de ses préparatifs. Les funérailles de cet autre Alexandre furent suivies des mêmes tragédies. Plusieurs années durant, ce ne fut qu'une orgie de sang, presque unique même dans l'histoire de l'Asie. Toute la postérité mâle de Rundjet-Singh, enfants et petits-enfants, fut massacrée; des fantômes de souverains hissés au pouvoir par des intrigues de palais ne montèrent sur le trône que pour être assassinés. Au milieu de cette anarchie fut commise la faute suprême qui allait décider du sort de l'Empire sikh. Au mépris du traité de 1809, l'armée sikhe, au nombre de 60 000 hommes avec 150 canons, franchit le Satledj et envahit le territoire anglais (décembre 1844).

Cette guerre fut encore plus sérieuse que l'insurrection des Cipayes en 1857, bien qu'on en ait moins parlé, et les Anglais eurent tout lieu de s'apercevoir que les efforts des officiers européens n'avaient pas instruit en vain les contingents sikhs. Mais ils avaient pour eux, outre la solidité incontestable de leurs troupes, des intelligences secrètes qui paraissent avoir joué un grand rôle dans tous ces événements.

La bataille de Firozochabar coûta cher aux Anglais et aurait pu être désastreuse pour eux sans l'inaction inexplicable d'une partie de l'armée ennemie, commandée par Gulab-Singh, le conquérant du Thibet occidental. La bonne volonté de ce dernier en faveur des Anglais se manifesta encore après la journée décisive de Sobraon (février 1845), qui ouvrit à l'armée de sir Hugh Gough le chemin de Lahore. Gulab-Singh alors prit une part active et prépondérante aux négociations pour la paix, les mena à l'entière satisfaction des Anglais, et en fut magnifiquement récompensé.

Par le traité de Lahore du 9 mars 1846, l'Empire sikh fut démembré. Une partie comprenant le Pendjab et le Moultan fut laissée au roi alors régnant et forma le royaume de Lahore qui fut placé sous la tutelle britannique, l'autre partie forma un État distinct et autonome, le Cachemire, dont la souveraineté fut confiée à Gulab-Singh, « en considération, disait le traité, des services qu'il venait de rendre à l'État de Lahore, en rétablissant les relations de bonne amitié entre cet Etat et le gouvernement britannique ». Un traité séparé, signé à Amritsar, fixa la composition et les limites du nouvel Etat et les obligations imposées au nouveau souverain. Il y fut stipulé que les limites des territoires cédés à Gulab-Singh ne pourraient jamais être modifiées sans l'agrément du gouvernement britannique; que le souverain cachemirien s'en rapporterait à l'arbitrage de l'Angleterre pour toutes les difficultés qui pourraient surgir entre lui et le roi de Lahore, ou d'autres États limitrophes; qu'il s'engageait, pour lui-même et ses héritiers, à se joindre, avec toutes ses forces militaires, aux troupes britanniques opérant sur les territoires confinant à ses possessions, et à ne prendre aucun Européen ni Américain à son service, sans l'agrément de l'Angleterre, enfin il se reconnaissait vassal du gouvernement britannique, et il s'engageait à lui faire hommage, chaque année, d'un cheval, de six châles de Cachemire, de six boucs et d'autant de chèvres. En revanche le gouvernement promettait à Gulab-Singh son aide et sa protection contre les ennemis extérieurs qui envahiraient son territoire.

Le nouvel État de Cachemire comprit non seulement l'ancienne province de Cachemire, mais encore le petit Thibet et le Moyen Thibet, les conquêtes récentes de Gulab-Singh. Désignées sous le nom de *Outlyings* (dépendances lointaines), ces régions, cinq ou six fois plus étendues que le Cachemire proprement dit, formèrent la partie septentrionale de cet État, C'est toute une fraction notable du Thibet qui fut alors incorporée au domaine de Gulab-Singh. Borné au midi par l'Himalaya, au nord par le Kouen-loun, à l'ouest, par le Korakorum, le Petit Thibet et le Moyen Thibet font en effet partie géographiquement du plateau thibétain, comme le Grand Thibet, avec lequel ils se continuent du côté de l'est sans différence saillante. Ils ont au nord et au sud les mêmes chaînes de montagnes qui les limitent, au nord le

Kouen-loun, au midi l'Himalaya. Le sol a même configuration, même aspect, à peu près mêmes produits; les populations appartiennent à la race thibétaine, sont bouddhistes lamaïstes, et obéissaient, avant leur annexion au Cachemire, à l'autorité du gouvernement de Lhassa. L'incorporation définitive du Petit et du Moyen Thibet dans le Cachemire, État vassal de la Compagnie des Indes, en diminuant d'une manière considérable l'étendue des territoires soumis au gouvernement thibétain, augmentait d'autant le domaine des possessions anglaises et reportait la frontière indo-britannique du pied de l'Himalaya jusqu'au Kouen-loun, au cœur de l'Asie. L'État cachemirien devint ainsi la sentinelle avancée de l'Inde sur le plateau central du vieux continent. Composé en majeure partie de sommets inaccessibles, d'énormes glaciers, de plateaux très élevés, il se dressait en un gigantesque bastion dont les fronts saillants s'appuyaient aux murailles des montagnes les plus formidables du globe. Là, à ces altitudes vertigineuses, sur la terrasse du monde, les Anglais pouvaient planer, comme suspendus sur le Thibet, la Chine et les deux Turkestans, se tenant aux aguets et surveillant d'un œil jaloux les mouvements et les migrations des peuples et les actes des gouvernements. Certes, il eût été raisonnable de reconnaître alors que, arrivée à cette haute latitude, la frontière nord-ouest de l'Inde avait atteint ses limites extrêmes; que défendu par le triple rempart de l'Himalaya, du Korakorum et du Kouen-loun l'empire indo-britannique était à l'abri de tout danger dans ces parages; et qu'enfin le moment était venu d'arrêter l'expansion de l'Inde vers le nord.

Mais Gulab-Singh avait le goût des annexions, et les Anglais, qui en somme tiraient profit de ses entreprises, le laissaient faire. Déjà, en 1841, non content de s'être emparé du Petit Thibet et du Moyen Thibet, Gulab-Singh avait voulu conquérir le reste du plateau thibétain qui forme le Grand Thibet, avait envahi le Gnari-Khorsoum, la province occidentale de ce pays, et dirigé une expédition sur la route de Lhassa. Obligé de rétrograder devant les Chinois, il n'en réussit pas moins à conserver le Petit et le Moyen Thibet qui lui furent reconnus par le traité de 1842 et plus tard par celui de 1856. Mais arrêté de ce côté, le prince cachemirien reporta ses vues au nord. Franchissant les passes du Kouen-loun, il fit son apparition sur le revers septentrional de ces montagnes, descendit dans la plaine du Tarim, s'empara des hautes vallées du Karakach et du Ruskem-Daria, et occupa la partie méridionale du Turkestan oriental, bien que ce pays fût une dépendance de la Chine. La place forte de Chahidoulla, qui commande l'entrée du défilé qui mène à Khotan, conquise par lui, marqua enfin la limite de ses conquêtes vers le nord.

Par cette dernière annexion la frontière indo-britannique fut reportée à 500 kilomètres au nord de l'Himalaya. Du côté de l'est, sur le plateau thibétain, la limite fut fermée par une ligne imprécise laissant le Petit et le Moyen Thibet au Cachemire et le reste du plateau au Grand Thibet. Mais la tentative de Gulab-Singh pour mettre la main sur le Grand Thibet ne fut pas la dernière manifestation des velléités anglaises sur ce pays. Quelque temps après l'échec éprouvé par ce haut feudataire de la couronne des Indes, le rôle qu'il n'avait pu remplir jusqu'au bout fut repris par un autre prince indien, également allié de l'Angleterre, le souverain du Népâl. Une armée népâlaise franchit l'Himalaya en 1854 et envahit le Thibet méridional. Plus heureux que le maharajah de Cachemire, le roi du Népâl put forcer le gouvernement de Lhassa à lui payer tribut et à recevoir un résident népâlais dans cette ville. Mais rendre le Thibet tributaire du Népâl, c'était porter atteinte aux droits séculaires que les Chinois s'attribuaient sur ce pays, c'était diminuer le prestige de la Chine suzeraine aux yeux des Thibétains; et la cour de Pékin, qui venait de s'opposer à l'invasion du Grand Thibet par le souverain du Cachemire, jugea encore ici opportun d'intervenir. Elle agit, en cette circonstance, avec d'autant plus d'empressement qu'elle considérait le Népâl, auquel elle avait imposé le tribut en 1795, comme étant resté depuis cette époque son vassal, et la querelle se termina par un compromis par lequel le Népâl et le Thibet déclarèrent tous deux reconnaître à nouveau la suzeraineté de la Chine.

A peu près vers la même époque, l'attention des Anglais se trouva portée vers le Turkestan Oriental à la suite des événements mémorables qui se passèrent dans l'Asie Centrale. Fatiguées du joug de la Chine, les populations musulmanes des provinces chinoises du Kansou et du Chensi se soulevèrent et l'insurrection, gagnant de proche en proche, s'étendit jusqu'à la Dzoungarie et au Turkestan Oriental, en 1863. Les musulmans révoltés avaient trouvé un chef dans la personne d'un des leurs, nommé Yakoub, ancien danseur public, qui sut grouper les éléments épars de l'insurrection, les discipliner, et s'en composer une redoutable armée. Yakoub chassa les Chinois d'Yarkand, de Kachgar, s'empara de Khotan, soumit Kourla, puis, voulant devenir maître de tous les pays ayant composé l'ancien Turkestan, tourna ses armes contre le Cachemire, et s'empara, en 1866, de Chahidoulla et des hautes vallées du Karakach et du Ruskem-Daria, en ramenant ainsi les frontières du Cachemire au Kouen-loun.

En une telle occurrence, le gouvernement de l'Inde, en sa qualité de suzerain, aurait dû intervenir et prêter secours à son vassal et allié le maharajah de Cachemire; il ne le fit point. Il jugea plus habile de se plier aux circonstances et de profiter du nouvel état de choses pour étendre son influence au nord du Thibet. Yakoub ayant pris le titre d'émir d'Yarkand, l'Angleterre s'empressa de reconnaître le nouveau souverain, et une ambassade extraordinaire, à la tête de laquelle était M. Forsyrth, lui fut envoyée en 1873 avec mission de conclure un traité de commerce et d'ouvrir des relations commerciales entre le Turkestan et l'Inde à travers le Petit Thibet et le Moyen Thibet. Les Chinois ayant détruit, en 1878, l'empire éphémère d'Yakoub et replacé le Turkestan sous leur autorité, le gouvernement de l'Inde ne put profiter des avantages qu'il avait su se faire accorder, mais du moins sut-il empêcher la Chine d'étendre dans ces parages sa domination sur les hautes vallées du Karakach et du Ruskem-Daria et reprendre les territoires du Turkestan Méridional au delà du Korakorum et du Kouen-loun qu'avait conquis Gulab-Singh et qu'avait perdus son prédécesseur.

Dans ces dernières années, l'Angleterre a travaillé avec esprit de suite à fortifier sa domination sur les régions hymalayennes, soit en resserrant les liens qui unissent les États indiens indigènes à l'empire des Indes, soit même en procédant à leur annexion. Sous le gouvernement de lord Dalhousie, le Boutan s'est vu retrancher de son territoire les *doars*, c'est-à-dire les « portes » de l'Himalaya, seules régions du pays dont les productions aient de la valeur et où les habitants se soient groupés en nombre considérable. En 1885, ce qui restait de l'État birman a été annexé à l'empire indo-britannique. En 1888, le gouvernement des Indes ne craignait pas d'engager la lutte avec le Thibet et la Chine pour la possession du Sikkim dont la Chine revendiquait le protectorat, comme elle avait revendiqué celui du Népâl. Une armée thibétaine ayant franchi les passes de l'Himalaya et étant arrivée à 60 kilomètres de Darjeeling, fut repoussée. Il est vrai que les Anglais, qui croyaient à cette époque au dogme de la solidité et de la puissance chinoises n'abusèrent pas de la victoire. Après diverses négociations menées dans un esprit conciliant, une convention, signée à Calcutta le 19 mai 1890 entre la Grande-Bretagne et la Chine, régla la situation respective des deux puissances au Sikkim et au Thibet. Le protectorat anglais sur le Sikkim fut reconnu par la Chine, et il fut admis « que le gouvernement britannique aurait un droit de contrôle direct et exclusif sur l'administration intérieure et les relations extérieures de cet État, et que, sauf par l'intermédiaire et avec l'autorisation du gouvernement britannique, ni le souverain du Sikkim, ni aucun de ses agents ne pourrait avoir de relations officielles et officieuses avec aucun autre pays ». Par la même convention fut déterminée la frontière du Sikkim et du Thibet, qui fut constituée par la ligne de partage entre les eaux coulant dans le Tizta du Sikkim et les eaux coulant dans le

Machu du Thibet. Il ne resta plus alors au Thibet de ses dépendances antérieures sur le versant de l'Himalaya que la partie montagneuse de la petite vallée du Chumbi, affluent du Gange. A cette exception près, tout le pays au midi des monts est aujourd'hui placé sous l'influence anglaise. Le Sikkim, les deux tiers du Boutan, la Birmanie, une portion du Népâl, l'ancien royaume Sikh de Lahore ont été annexés, et les seuls États indigènes qui ont conservé leurs souverains, le Boutan, le Népâl et le Cachemire ne sont plus indépendants. Le gouvernement anglais sert au rajah du Boutan un subside annuel. Le Népâl a reconnu le gouvernement des Indes comme puissance suzeraine et un résident anglais a le droit de séjourner dans la capitale, Khatmandou, gardée par des cipayes. Lui aussi est à la solde du gouvernement britannique. L'un et l'autre sont liés par des traités; ils sont à peu près indépendants pour l'administration de leurs États, mais doivent marcher absolument d'accord, pour les questions de politique extérieure, avec le gouvernement britannique. Ils se sont engagés à ne prendre à leur service aucun Européen ou Américain sans son agrément et sont obligés à fournir, en cas de besoin, des contingents. C'est du Népâl que le gouvernement indien retire ses meilleures recrues pour ses régiments indigènes. Quant à l'État de Cachemire, son existence, comme Etat distinct, n'est plus guère aujourd'hui qu'une fiction. Depuis 1889, le maharajah de ce pays a été virtuellement dépossédé de son autorité. L'administration est devenue, pour ainsi dire, anglaise, et il faut dire que c'est pour le bien du pays : le système des impôts a été remanié, l'état social des laboureurs et des artisans a été grandement amélioré, et les cultures ont progressé. En même temps les troupes cachemiriennes ont été placées sous le commandement britannique et leurs états-majors composés d'officiers anglais. Ces troupes sont devenues l'un des plus précieux instruments de l'influence anglaise au nord de l'Himalaya, et c'est grâce à leur concours que les territoires avoisinant l'Hindou-Kouch, le Gilghit, le Nazar, le Hanza ont été occupés récemment, en même temps que le Tchitral était définitivement incorporé à l'empire indo-britannique. Le recensement de l'Inde de 1891 classe le royaume parmi les États directement tributaires en y comprenant les territoires du midi du Turkestan jusqu'aux sources du Dag-nin-bach, branche gauche du Yarkand, puis la rive gauche du Ruskem-Daria, branche droite de la même rivière, et, plus à l'est, partie de la rive gauche du Karakach, donnant ainsi à l'Inde une bonne partie du bassin du Tarim. Il y comprend aussi le Petit Thibet et le Moyen Thibet. De ce côté, les limites restent fort hypothétiques, la ligne politique de partage entre le Grand Thibet et le Moyen Thibet ayant été déterminée simplement d'après les renseignements recueillis sur la répartition des pâturages d'été de ces montagnes entre les bergers du Moyen et ceux du Grand Thibet. Le tracé de cette section, passant à travers d'immenses plateaux désertiques d'une hauteur de cinq mille mètres et plus, stériles, inhabités, sans autre eau que des lacs salés, n'est pas net, et peut être le point de départ de contestations territoriales et d'empiètements ultérieurs sur le Grand Thibet.

CHAPITRE XIV

Tentatives des Européens pour explorer
le Thibet et pénétrer à Lhassa.

On conçoit sans peine quel état d'esprit, quels
sentiments a pu créer chez les Thibétains la série
des faits que nous venons d'exposer. Jusqu'alors,
ils s'étaient montrés constamment sympathiques
aux Européens qui s'étaient aventurés chez eux.
Le premier d'entre eux qui pénétra au Thibet, le
frère Odoric de Pordonone, avait pu se fixer à
Lhassa en 1328. Trois siècles plus tard, en 1628,
le jésuite portugais Andrade avait pu traverser
toute la contrée de l'ouest à l'est pour se rendre en
Chine, tandis que d'autres jésuites, les Pères de
Linz et d'Orville, la traversaient quelques années
plus tard en sens inverse, de l'est à l'ouest, pour
se rendre de la Chine à l'Inde par le Népâl. En
1715, un jésuite italien, le Père Désidéri, s'était
rendu à pied de Cachemire au Ladak d'où il attei-

gnit Lhassa, qu'il habita quinze ans. Vers 1736, une mission de capucins italiens s'était établie au Thibet, et l'un de ses membres, Orazio della Penna, y séjourna vingt-deux ans, et y écrivit une « brève notice » sur le pays, laquelle constitua pour l'Europe, avec les récits des missionnaires antérieurs, les premières données d'ensemble sur le Thibet. Un explorateur laïque, le Hollandais van den Putte, résida aussi pendant plusieurs années à Lhassa. Quand, à la fin du xviiie siècle, le gouvernement thibétain apprit que des Occidentaux s'établissaient à demeure dans le Bengale et fondaient un empire nouveau dans son voisinage, il crut tout naturel de lier des relations amicales avec ces étrangers qu'il accueillait pour son compte si bien, et s'imagina, ces bonnes relations établies, que les Anglais y demeureraient fidèles. Grand dut être son étonnement lorsqu'il vit le gouvernement des Indes renier, lors de l'invasion du Thibet par les Népàlais, l'amitié thibétaine et les engagements pris, et se déclarer en faveur de leurs adversaires. La déception qu'il éprouva alors dut lui être d'autant plus amère qu'il s'était, à diverses reprises, compromis pour obtenir la faveur des Anglais. On a prétendu que la lettre du Taschi-lama à Warren Hastings, qui fut le point de départ des relations entre les Thibétains et les Anglais, avait été écrite par ce prince dans la secrète intention de chercher auprès des Anglais un appui et une protection contre la Chine ; et les conversations qu'il tint alors avec MM. Bogle et Turner, les ambassadeurs de Warren Hastings, et rapportées par eux sont en faveur de cette supposition. Attiré insidieusement à Pékin, le Taschi-lama avait payé de sa vie, d'après l'opinion générale au Thibet, cette démarche, et son successeur dans la régence du royaume, ayant manifesté la même sympathie pour les Anglais, avait encouru la disgrâce de l'empereur de Chine et avait dû, pour éviter la mort, s'enfuir du Thibet et se réfugier au Népâl. Il est naturel que les Thibétains, voyant le dévouement de leurs princes si mal récompensé, aient conçu dès lors de l'aversion pour les Anglais. D'autre part, le général chinois qui commandait, dans cette guerre, les troupes thibétaines et chinoises, outré de la conduite des Anglais qui avaient pris fait et cause pour ses adversaires, les dépeignit à la cour de Pékin sous des traits défavorables, représenta ces « diables d'Occident » comme des ennemis secrets et dangereux, des gens à double face, et des voisins incommodes. On sait que les Chinois sont à l'égard des étrangers extrêmement soupçonneux. La Cour de Pékin adopta les idées et les conclusions du général chinois et prit des dispositions en conséquence. Des redoutes furent établies sur la frontière du Thibet, du Sikkim et du Boutan, et des garnisons y furent laissées pour les défendre. Gardant avec leur vigilance et leur jalousie accoutumées les divers postes

qui furent alors créés, les Chinois interrompirent
toute communication entre le Thibet et l'Inde. Ils
ne laissèrent plus passer d'étrangers, même lorsqu'ils étaient Hindous. Les pèlerins bouddhistes
venus de l'Inde devinrent aussi l'objet de la défiance
chinoise : on ne les regarda plus que comme des
espions au service de l'étranger. Même on les
chassa de Taschi-lumbo où ils résidaient en nombre
et se fixaient volontiers, certains d'être toujours
bien accueillis et d'y recevoir du Taschi-lama une
généreuse hospitalité.

Depuis, et pendant tout le courant du xixᵉ siècle,
les Thibétains n'ont pas eu à se louer des procédés
des Anglais à leur égard. Ils ont assisté à la disparition successive de tous les États-tampons qui
étaient pour eux une garantie de sécurité du côté
des Indes. Ils ont vu absorber dans l'empire anglo-
indien non seulement des pays qui étaient, comme
le Népâl, sous la dépendance religieuse du Dalaï-
lama, mais encore des contrées qui, comme le
Boutan et le Sikkim, dépendaient politiquement
du gouvernement de Lhassa. Même ils ont été
dépouillés de régions faisant partie intégrante de
leur territoire, comme le Petit Thibet et le Moyen
Thibet, et ils ont vu des expéditions dirigées à
deux reprises par de grands feudataires de l'Inde
contre Lhassa qui, en définitive, a été contraint de
payer tribut au Népâl. Aussi ne faut-il point
s'étonner si la rancune et la méfiance des Thibé-

tains se sont accrues au cours du dernier siècle, et s'ils ont redoublé de précautions pour n'avoir rien de commun avec les Anglais.

Leur méfiance s'est étendue même à tous les Européens auxquels ils interdirent l'entrée de Lhassa. Toutes les routes aboutissant à cette ville furent jalousement gardées par les autorités thibétaines et chinoises et des sentinelles y furent postées pour défendre aux Européens l'entrée de la ville sainte. Naguère encore, avant les derniers événements que nous allons raconter, dès qu'un voyageur suspect d'être Européen était signalé par les soldats ou par les habitants (et ces derniers devaient dénoncer la chose sans retard sous peine de mort), on dépêchait à sa rencontre des fonctionnaires escortés de cavaliers armés, qui étaient chargés d'arrêter l'explorateur, et de lui faire comprendre poliment qu'il devait rebrousser chemin, et qu'un pas en avant pourrait lui coûter la vie.

Mais, malgré toutes les mesures prises pour défendre jalousement l'accès du Thibet, des Européens se sont rencontrés qui ont osé tenter de violer la consigne rigoureuse du gouvernement de Lhassa. On dirait même que le vouloir obstiné de solitude dont ont fait preuve les Thibétains n'a fait que piquer la curiosité des Occidentaux accoutumés à la pénétration facile des nations modernes. Dès 1811, un Anglais, Thomas Manning, voyageant pour son compte personnel, réussissait à demeurer une année entière à Lhassa. Il est vrai qu'il ne put le faire qu'en gardant un déguisement et en cachant sa véritable nationalité. Une année après, Morcroft et Hersay exploraient le Gnari, la province sud-occidentale du Thibet. En 1846, deux missionnaires français, les Pères Huc et Gabet, eurent la chance de parvenir sous un déguisement à Lhassa, et d'y faire un séjour de six semaines, avant d'être reconnus par les agents du gouvernement qui les expulsèrent de la ville. De 1854 à 1858, les trois frères Schlagintweit visitèrent le Moyen Thibet et parcoururent toute la lisière ouest du Thibet. En 1865, le gouvernement britannique, préoccupé de la situation créée à l'Inde par l'isolement farouche dans lequel se complaisait le Thibet, et désireux d'être renseigné sur ce pays et ses ressources, imagina d'utiliser, à défaut d'Européens, le concours d'Asiatiques qui pourraient lui faire connaître, avec la géographie du pays, tout ce qui se passait à Lhassa, l'état d'esprit de la population et les compétitions qui s'agitaient autour du gouvernement. En effet, s'il était relativement aisé aux autorités thibétaines de dépister les Européens et de les empêcher de visiter Lhassa, il leur était impossible d'interdire l'accès de cette ville aux Népâlais, aux Boutaniens, aux sujets du roi d'Angleterre qui habitent le Moyen Thibet annexé au Cachemire et qui sont, comme les populations du Grand Thibet, de race thibétaine; elles ne pouvaient non plus empêcher ceux des bouddhistes hindous de se rendre à Lhassa en pèlerinage; on compte, en outre, à Lhassa, établis à demeure, un nombre considérable de musulmans, Afghans et Cachemiriens, plus ou moins placés sous l'influence de l'Angleterre. Tous ces gens vont et viennent entre le Thibet et les pays voisins; la plupart conservent des relations commerciales ou des relations de famille dans le pays dont ils sont originaires et il est facile d'utiliser leur concours. C'est au colonel Montgomery, alors directeur du service géographique des Indes, qu'est due l'organisation ingénieuse qui a permis de tirer profit de ces éléments divers au mieux des intérêts du gouvernement de l'Inde. Il choisit parmi les indigènes ceux qui lui parurent les plus intelligents et les plus instruits, ceux qu'on nomme des pandits (savants) et les fit entrer à l'école Buthia, à Darjeeling. Là, on leur apprit à lever des itinéraires à la boussole, à faire des observations pour la détermination des coordonnées astronomiques; puis, on les fit partir pour le Thibet, munis d'instruments topographiques ingénieusement dissimulés : c'est ainsi que leurs moulins à prières cachaient des baromètres et des boussoles. Pour éviter les soupçons, ces explorateurs indigènes furent désignés par des numéros d'ordre ou des initiales. L'un d'eux, A. K., au cours de l'année (1878-1879) qu'il passa à Lhassa, réussit à mesurer avec son rosaire bouddhique les principales rues de la ville. Lors de son premier voyage, un autre pandit, Naïn-singh, y resta trois mois. Sarat Chandra Das y passe deux semaines dans l'hiver de 1881-1882. De 1865 à 1894, une vingtaine d'expéditions de ce genre ont été dirigées au cœur du Thibet et elles n'ont pas cessé depuis.

D'ailleurs, les pandits anglo-hindous n'ont pas été les seuls à étudier le Thibet, et à côté de l'initiative officielle prise par le gouvernement de l'Inde, des voyageurs européens ont aussi en ces derniers temps exploré le pays. A ces explorations ont pris part des Russes, des Hongrois, des Français, des Suédois. Mais ceux-ci, évitant les routes trop surveillées qui mènent de l'Inde à Lhassa, ont cherché à prendre, pour ainsi dire, à revers, par le nord, le plateau thibétain, et à tomber à l'improviste sur la région habitée dont Lhassa est le centre. En trois voyages successifs (de 1871 à 1885) le général Prjévalsky établit la topographie de la région du Koukounor et de toute la partie orientale du Thibet Septentrional, tandis que les Anglais Carey et Dalgleisch exploraient la section du Kouen-loun central. En 1889 et 1890, une expédition russe, dite « expédition scientifique du Thibet », sous la direction du général Pievtzof, accompagné du géologue Bogdanovitch, a parcouru l'extrémité nord du plateau thibétain et a étudié scientifiquement tout le Kouen-loun occidental. A la même époque, M. Bonvalot et le prince Henri d'Orléans accomplissaient la traversée du Thibet Septentrional, la première qui ait été faite en ce sens par des Européens, par la route des pèlerins mongols, mais étaient forcés de rebrousser chemin à 90 kilomètres de Lhassa, après avoir parlementé en vain pendant cinq jours avec les représentants du gouvernement thibétain. La même année, un Américain, M. Rockill, devait s'en retourner avant même d'avoir atteint le lac Tengri-nor. Pareille mésaventure arrivait en 1894, à MM. Dutreuil de Rhins et Grenard qui, au cours de leur beau voyage en Asie, furent arrêtés au sud-est de ce lac, et l'année suivante, M. Littledale, qui avait pris cependant des précautions exceptionnelles afin d'échapper aux Thibétains, fut obligé de rebrousser chemin à 80 kilomètres de Lhassa. En 1897, l'Anglais Landor essaya de rejoindre la route du nord-ouest qui vient du Cachemire. Il espérait gagner la cité mystérieuse en descendant le cours du Brahmapoutre, dont il découvrit d'ailleurs la source. Mais il fut arrêté par les Thibétains alors qu'il ne se trouvait plus qu'à cinq ou six jours à cheval de Lhassa et faillit payer son audace de sa vie. Enfin, plus récemment, M. Sven Hédin, au cours de son second voyage en Asie Centrale, ne put même atteindre le Tengri-nor. Ce n'est que dans ces dix dernières années que des sujets russes, à la suite d'événements que nous aurons à exposer, ont pu se glisser et séjourner à Lhassa.

CHAPITRE XV

Le pays thibétain.

Cet isolement farouche dans lequel les Thibétains ont réussi à maintenir leur pays au cours du dernier siècle leur a été grandement facilité par la nature et la configuration du sol, qui font de leur pays une des contrées les moins accessibles du globe. Le Thibet est la plus grande et la plus haute extumescence de toute la terre. C'est un immense plateau atteignant une altitude moyenne de cinq mille et, dans ses parties élevées, de sept et huit mille mètres. Aucune contrée au monde ne présente une altitude moyenne sur une surface aussi vaste. C'est le « Toit du monde », les « Degrés du ciel », le « séjour des Dieux » : ainsi l'appellent les habitants vivant au pied du gigantesque piédestal. Le relief de cette protubérance massive est d'autant plus accusé qu'elle se dresse au nord à côté de l'une des cavités les plus profondes de l'intérieur des continents, la dépression du bassin du Tarim, et au midi au-dessus des basses terres de la vallée du Gange, et qu'elle tombe de tous côtés sur le bas pays par des talus d'extrême raideur. Flanqué au nord par la chaîne du Kouen-loun, au midi par l'Himalaya, adossé à l'ouest aux monts du Pamir et du Korakorum, à l'est aux Alpes du Se-Tchouen enveloppé de tous les côtés par les crêtes maîtresses du continent d'Asie, le plateau thibétain est une des régions naturelles les mieux délimitées des Deux Mondes.

C'est aussi une des plus inaccessibles. Incroyablement ardus et malaisés sont les chemins par lesquels on y monte. Que l'on prenne l'une quelconque des quatre voies maîtresses qui mènent au cœur du Thibet, les difficultés d'ascension sont prodigieuses. Quand on vient des fonds du Turkestan Oriental, situés seulement à 700 mètres en moyenne au-dessus des mers, un revers de plus de 7 000 mètres se dresse devant le voyageur, et les passes de ces chaînes, deux fois plus hautes que les Pyrénées, ont deux fois l'élévation des cols les plus élevés de la chaîne hispano-française. Quand on vient de l'Inde, l'Himalaya ne se laisse pas non plus aisément franchir, et tel de ces cols, celui de Donkaia, s'ouvre à peu près à l'altitude de l'Elbrouz, tête du Caucase. Quand on vient de la Chine, les Alpes du Se-Tchouen, qu'on a devant soi, forment un grand ensemble de montagnes à structure très compliquée, d'accès fort difficile, qui gardent l'entrée des hautes terres thibétaines peut-être plus efficacement que ne le font au nord et au sud le Kouen-loun et l'Himalaya. Quand on vient du Pamir, la route fait des soubresauts prodigieux en ce sens que, descendue dans des gorges d'une profondeur vertigineuse, il lui faut gravir jusqu'à des cols plus élevés que le Mont-Blanc lui-même, et ce n'est point une route comme nous les connaissons, un chemin du Simplon ou du Saint-Bernard, mais un sentier, un escalier, une ornière de boue, une très périlleuse glissade dans les précipices. Et qu'on ne croie pas que le voyageur, après avoir escaladé « les degrés du ciel » et être parvenu sur « le toit du monde », soit au bout de ses peines. Le plateau thibétain, tel qu'on se le représente d'après les toutes récentes explorations, s'étale en une surface prodigieusement bosselée, bordée et traversée d'occident en orient, par cinq énormes chaînes de montagnes qui, ramassées sur le méridien du Korakorum en un faisceau étroit, s'épanouissent vers l'est, en éventail, en s'inclinant soit au nord, soit au sud, puis se resserrent de nouveau pour s'incliner en sens inverse. Ces chaînes sont elles-mêmes faites d'un certain nombre de rangées plus ou moins parallèles entre lesquelles s'allongent ou s'élargissent des vallées, des plaines; des plateaux, remblayés à des degrés divers par la destruction et la dilapidation des hauteurs. De ces sierras s'élancent les pics les plus aériens de la terre atteignant 7 000 mètres et plus dans le Kouen-loun et dans les chaînes et contrechaînes qu'il pousse dans l'intérieur du plateau, et plus de 8 000 mètres sur la bordure de l'Himalaya où pointe la cime suprême du Gaourisankar (8 842 mètres) supposé jusqu'à ce jour le géant de la Planète.

Mais l'escalade des hauteurs, l'âpreté des défilés, la glissade dans les ravins ne sont pas les seuls obstacles contre lesquels lutte le voyageur qui traverse le Thibet. Aux périls de la route viennent s'ajouter la rigueur du climat et le peu de ressources de la contrée. Sur le plateau thibétain le froid est excessif, la température ne dépasse pas 15 à 16° en été et descend à plus de 40° au-dessous de zéro en hiver; la neige ne quitte jamais les hauteurs. « Le séjour des Dieux » est aussi « le royaume des Neiges », comme l'appellent les Boutaniens et les Hindous. Ces froids sont d'autant plus redoutables que le combustible manque presque complètement et qu'on est obligé pour se réchauffer d'avoir recours à la bouse de yack. Les vents sont fréquents et soufflent en tourmentes formidables; l'air est d'une rareté et d'une sécheresse extrêmes; les pluies sont insignifiantes. Grâce à la rareté des précipitations atmosphériques, les eaux ne peuvent acquérir sur la surface de la plus grande partie du pays assez de puissance pour triompher des obstacles et se façonner un chemin vers la mer. Les trois quarts du plateau thibétain sont ainsi formés de bassins sans écoulement, et l'on a pu, en prenant pour point de départ cette répartition des eaux, diviser le pays en deux régions : la région des lacs, la région des rivières.

Dans la région des lacs, parmi les torrents dont l'eau n'atteint pas le réservoir commun, les uns descendent des montagnes, d'autres sortent des lacs et vont se perdre dans des marais, des sables et des steppes, des terres vagues, ou bien finissent par disparaître dans un lac qui les absorbe complètement. Dans la région des rivières prennent source le Brahmapoutre et la Salouen qui se jettent dans le golfe de Bengale, l'Indus qui se jette dans le golfe d'Oman, le Mékong et le Yang-tsé-kiang qui s'échappent vers la mer de Chine. Tous ces fleuves n'ont dans le pays que le haut de leurs cours et arrosent des gorges tellement étroites qu'il n'y a souvent que la place indispensable à leur glissement et nulle terre à rafraîchir et à féconder. Partout la vie végétale est des plus pauvres. Dans les régions qui dépassent 4 000 mètres, elle ne consiste guère qu'en graminées d'un demi-pied de haut fines et dures, si sèches qu'elles se brisent sous les pieds et se réduisent en poussière. Dans les parties moins hautes, mieux abritées, on rencontre quelques peupliers, quelques saules et des arbres à fruits. C'est seulement dans les lits desséchés des ruisseaux intermittents, dans les marécages qu'une végétation plus abondante se rencontre, analogue à celle des prairies. Presque partout le bois manque à tel point que, pour se chauffer, on emploie l'argol ou crottin de yack. Seules, les vallées du sud-est, plus basses et plus ouvertes à l'humidité de l'océan, sont couvertes de forêts où domine le houx épineux. Le pays n'a pas d'agriculture, ne possède que des troupeaux, n'a qu'une industrie florissante, celle de la filature des laines et du tissage des draps, et l'on comprend que, dans ces conditions, il n'ait pu avoir de faciles et de fréquentes communications avec l'étranger.

CHAPITRE XVI

Les origines du Lamaïsme et la réforme de Tsong-Kapa.

Il ne saurait paraître étonnant qu'un pays si jalousement gardé par ses habitants, si déshérité par le double maléfice de l'altitude du sol et de la sécheresse de l'air, soit resté jusqu'en ces derniers temps une des contrées de la terre les moins connues des Européens. Jusque vers le milieu du siècle dernier, on ne possédait sur la géographie du Thibet et sur les mœurs de ses habitants que des renseignements fort succincts et assez confus, fournis par les rares voyageurs et les missionnaires qui ne racontaient que ce qu'ils avaient pu voir ou entendre dire au cours d'une traversée trop souvent rapide. Ce furent les pandits anglo-hindous qui, les premiers, forcèrent le sanctuaire thibétain et en rapportèrent des dépouilles d'autant plus précieuses que le bouddhisme a accumulé au Thibet les trésors de ses traditions et de ses monuments et que la littérature sacrée offre dans ce pays des sources d'information plus abondantes et plus pures que dans l'Inde et à Ceylan. Grâce aux héroïques et incomparables razzias opérées par ces audacieux pionniers de la science, nous pûmes obtenir enfin en Europe des notions précises et vraiment scientifiques sur la géographie du Thibet Méridional, sur l'histoire ancienne du royaume de Lhassa et les débuts du bouddhisme au Thibet, et les Burnouf, les Oldenberg, les Rhys Davids purent commencer à reconstituer pour la pensée occidentale le système philosophique bouddhiste dont les racines plongent en pleine mythologie et dont les intuitions ont devancé les plus téméraires hypothèses du nihilisme métaphysique. D'ailleurs, ces pandits n'ont pas été les seuls à soulever un coin du voile qui cache pour l'Occident le mystère thibétain. Les Russes n'ont guère moins fait pour la géographie de la partie septentrionale du Thibet que les savants hindous pour celle de la partie méridionale, et les explorateurs français, anglais, hongrois et suédois ont ajouté au fonds constitué par les voyageurs russes et hindous. Mais, en dépit de tous ces efforts, de notables fractions du Thibet, surtout dans la partie orientale, nous restent inconnues.

Encore à l'heure actuelle, nous n'avons pas de sources d'information exacte et précise sur le chiffre de la population du Thibet. Les évaluations qui en ont été faites jusqu'ici varient dans des proportions singulières. Au milieu du xviiie siècle un recensement officiel fait par « les ministres royaux » aurait, d'après le missionnaire Orazio della Penna, énuméré trente-trois millions d'habitants au Thibet; au courant du xixe siècle, des voyageurs ont parlé tantôt de cinq, tantôt de onze millions d'âmes, tandis que, d'après des renseignements plus récents, et très probablement plus véridiques, la population serait au plus de deux millions d'individus répartis sur les deux millions de kilomètres carrés que mesure la surface du plateau thibétain. Ce qu'il y a de certain, c'est que la plus grande partie du Thibet est à peu près inhabitée ou n'est qu'un territoire de parcours de tribus nomades. La population n'est un peu groupée que dans la partie Sud-Est, où se trouvent quelques villes : Lhassa, Chigatsé, Gyangtsó, qui sont, avec quelques grands monastères, les seuls centres de population un peu importants du pays.

Mais, si l'on est loin d'être fixé sur le nombre des habitants du pays, on sait du moins que la très grande masse d'entre eux présente une remarquable unité d'origine, de langue, de religion et de mœurs. De taille moyenne, le front étroit, le nez large et aplati, les yeux à fleur de tête et légèrement bridés, les Thibétains paraissent appartenir à la même souche que les peuples turco-mongols avec lesquels leur type physique présente la plus grande analogie; leurs mœurs et leurs usages ont une ressemblance étroite avec ceux des Mongols; leur langue parlée est un idiome polysyllabique; leur religion est le bouddhisme, pratiqué sous sa forme spéciale qu'on appelle le lamaïsme; et leur histoire, du moins pour la partie qui nous en est connue, n'est guère que le récit des efforts du bouddhisme et des institutions lamaïstes pour s'implanter dans le pays et y dominer.

On ne connaît guère l'histoire des populations thibétaines avant l'introduction parmi elles du bouddhisme. Tout ce que l'on sait, c'est qu'elles obéissaient à différents chefs ou rois et qu'elles pratiquaient le culte de Bong-pa, issu du chamanisme mongol, dont les rites consistaient à faire des offrandes et des prières aux montagnes, aux lacs, aux arbres, représentant les forces de la nature. La première tentative d'introduction du bouddhisme au Thibet eut lieu au IIe siècle de notre ère. Le nouveau culte avait pris naissance dans l'Inde vers le milieu du VIIe siècle avant notre ère et avait été adopté par un grand nombre d'Hindous rebutés par la religion aristocratique et trop exclusive de Brahma qu'ils avaient suivie jusqu'alors. Préoccupés avant tout de se sauver eux-mêmes, les Brahmanes excluaient de leur communion les petits, les humbles, les parias, qui n'avaient pas même droit à la lecture des livres saints, mais

Çakya-Mouni (le Sage par excellence) conçut de l'humanité un idéal tout différent. Il songea au bonheur de tous les hommes et appela à lui les parias. Bonté, douceur, charité, amour du prochain, telles furent les vertus qu'il enseigna. Cet idéal supérieur, si bien fait pour attirer les masses et qui avait dès cette époque conquis Ceylan, une grande partie de l'Inde et le Népâl, ne fit pas tout d'abord de rapides progrès au Thibet et il faut arriver jusqu'au vii° siècle pour voir le nouveau culte remplacer dans une grande partie du pays l'ancienne religion Bong-pa. Cet événement eut lieu vers l'an 630 de notre ère sous le règne de Srong-tsan-po (le très puissant et le très sage Srong), qui réunit en confédération un grand nombre de tribus thibétaines et fonda un grand État avec Lhassa pour capitale. Ce prince envoya dans l'Inde un missionnaire, qui en rapporta des livres bouddhistes, protégea officiellement le bouddhisme, et ses successeurs firent de même après lui. Mais les lamas, nourris, protégés, comblés de grâces par la royauté, reconnurent ses bienfaits, dès qu'ils se sentirent assez forts, en essayant de la chasser du logis où elle leur avait fait place. Les rois se défendirent, et l'un d'eux, Landarma, dut entamer contre eux une persécution acharnée et finit par les chasser tous du pays. Mais les prêtres bouddhistes le firent assassiner, en 899, par un de leurs affidés qui le frappa d'un coup de flèche dans son propre palais, et, à la suite des querelles intestines qui suivirent sa mort, réussirent à rentrer au Thibet et à recouvrer leur pouvoir.

Il est à remarquer que, pendant toute cette période, le bouddhisme eut une organisation réduite à sa plus simple expression : il n'y avait ni église, ni hiérarchie ecclésiastique. Le clergé n'était autre qu'une association, une confrérie de moines. Comme dans l'Inde, les monastères au Thibet avaient chacun leur administration séparée, et leurs supérieurs étaient indépendants les uns des autres. Quelques membres du clergé s'intitulaient bien patriarches, mais ils n'avaient qu'une autorité nominale et les fonctions qu'ils s'arrogeaient n'étaient pas reconnues par l'ensemble du clergé. Cet état de choses prévalut jusqu'au xiiie siècle, époque où les khans mongols, convertis définitivement au bouddhisme, voulurent se mêler, sur l'instigation des prêtres, des affaires du pays. En 1253, Koublaï-Khan, ayant conquis l'Est du Thibet et la Chine, manda auprès de lui le supérieur du couvent de Çakya, Pandita, se fit couronner par lui empereur à Pékin et, en échange du service rendu, lui reconnut le pouvoir suprême, spirituel et temporel, sur toute la partie du Thibet soumise alors aux Mongols. A partir de ce moment, les supérieurs du couvent de Çakya devinrent les vrais souverains de la plus grande partie du Thibet, prirent le titre de « Sublimité », et usèrent de leur puissance pour opprimer les sectes rivales, jusqu'au jour où la dynastie nationale des Ming remplaça en Chine les souverains mongols (1368). Prenant ombrage de la puissance du couvent de Çakya, les nouveaux empereurs chinois favorisèrent d'autres couvents et notamment celui de Kadampa, qui ne tarda pas à égaler en puissance et en richesse le couvent de Çakya. C'est de Kadampa que sortit le réformateur du bouddhisme thibétain, le moine Tsong-Kapa, qui fut l'Hildebrand de l'Orient.

Né sur la frontière de Chine, Tsong-Kapa, après avoir étudié à Kadampa, tâcha de ramener le bouddhisme à sa pureté première, de le dégager de la sorcellerie et des pratiques superstitieuses qui le déshonoraient, d'astreindre les moines à une vertu plus austère et au respect de leurs vœux de renoncement et de pauvreté. Mais l'œuvre de Tsong-Kapa ne se borna pas seulement à la restauration de la discipline et à la réformation des mœurs du clergé; il entreprit la révision de la doctrine bouddhiste, modifia le rituel et inventa la théorie de la réincarnation des disciples de Bouddha, qu'il fit dériver d'un des principes fondamentaux du bouddhisme. Çakya-Mouni avait dit que le monde visible est dans un perpétuel changement; que la mort succède à la vie, la vie à la mort; que l'homme, comme tout ce qui l'entoure, roule dans le cercle éternel de la transmigration; qu'il passe successivement par toutes les formes de la vie, depuis les plus élémentaires jusqu'aux plus parfaites ; que la place qu'il occupe dans le vaste échelon des êtres vivants dépend du mérite des actions qu'il accomplit en ce monde ; et que, par exemple, l'homme vertueux doit renaître avec un corps divin. Tsong-Kapa déduisit à son tour de cette idée que certains membres éminents du clergé bouddhiste peuvent réapparaître sur la terre, quelques jours après la mort, sous la forme d'un enfant. Ces enfants deviennent alors des incarnations du précédent personnage. Bon nombre de Thibétains acceptèrent l'enseignement de Tsong-Kapa, et, dès lors, fut constituée la secte de Galugpa ou des « bonnets jaunes, » ainsi désignés par opposition aux partisans de l'ancienne doctrine, qui furent les Chammars ou « bonnets rouges. »

La première application de la doctrine de Tsong-kapa fut faite à sa mort, survenue en 1417, à son neveu et successeur, Gedendrup, qui fut le premier grand-lama de la secte de Galugpa et fut regardé comme l'incarnation de Tsong-Kapa. Tsong-Kapa lui-même fut considéré comme la haute incarnation d'Amithaba, propre compagnon de Bouddha et personnification de la charité. Sous Gedendrup, la lutte entre les Galugpas et les Chammars fut des plus vives. Les Galugpas ayant eu recours aux armes marchèrent contre les Chammars, leur enlevèrent la plupart des monastères qu'ils possédaient dans les diverses provinces du Thibet et les chassèrent de leur capitale, Taschi-lumbo, qu'ils détruisirent de fond en comble et sur les ruines de laquelle Gedendrup éleva, en 1447, le grand monastère de Taschi-lumbo dont le supérieur prit le titre de Taschi-lama et fut reconnu être l'incarnation de Tsong-Kapa et par conséquent d'Amithâba. Définitivement vaincus, les Chammars furent obligés de se retirer dans certaines localités du Thibet où l'on toléra leur séjour, et, dès lors, la puissance des « bonnets jaunes » devint telle que les chefs des grands clans féodaux du Thibet en prirent ombrage et entamèrent contre les lamas une lutte qui tourna d'abord au désavantage de ces derniers. Un de ces princes, Pagmandou, réussit même à soumettre tout le Thibet, à rétablir le pouvoir laïque et à faire fleurir la prospérité et la paix dans le pays. Mais le troisième grand-lama de Galugpa, Sodnam-Gyamtso, ayant appelé à son secours en 1576 Tengri-To, prince de Koukou-nor en Mongolie, les princes laïques du Thibet furent vaincus, et le pouvoir temporel établi dans la personne du grand-lama de Galugpa, qui se trouva dès lors commander en souverain maître les deux plus importantes provinces du Thibet, celle d'Amdo et celle d'Oui. Nul obstacle ne s'opposa plus à l'extension de la secte de Galugpa, qui s'accrut d'autant plus rapidement qu'elle était favorisée par le gouvernement chinois. C'est ainsi que, sous la pression de l'ambassadeur de Chine à Lhassa, bon nombre de couvents bouddhistes du Thibet et de la Mongolie durent se rallier à la secte de Galugpa et que, sous le quatrième grand-lama de la secte, fut nommé un ministre spécial qui eut mission de surveiller tous les fonctionnaires civils du pays. Enfin, sous le cinquième grand-lama de Galugpa s'accomplit la révolution qui étendit à presque tout le Thibet l'autorité politique de ce prince.

Ce cinquième grand-lama, Nagwan Lozan, ambitieux et avisé politique, avait commencé, pour se débarrasser complètement des princes laïques qui manifestaient encore des velléités de résistance, par appeler à son aide le successeur de Tengri-To, Gusri, prince de Mongolie. Celui-ci envahit en 1640 le Thibet, réduisit à merci les princes laïques et, par un acte solennel, consacra la suprématie politique de Nagwan Lozan en lui conférant le titre de Dalaï[1]. Les Tartares mandchous ayant, quelque temps après, détrôné la dynastie nationale des Mings, Nagwan Lozan se rangea du côté des vainqueurs et fit reconnaître par la nouvelle cour de Pékin ses privilèges et son nouveau titre. Puis, pour consolider son gouvernement, il transféra sa résidence du monastère de Depung au mont Potala, à proximité de Lhassa. Là, il se proclama l'incarnation d'Avalokitçavara, le disciple d'Ami-

1. Océan, c'est-à-dire universel.

thaba, et amena de gré ou de force à reconnaître sa suprématie la plupart des couvents de Thibet et de Mongolie, lesquels, tout en conservant leur organisation hiérarchique propre, durent le reconnaître, lui et ses successeurs, comme chefs du lamaïsme thibétain.

Après Nagwan Lozan, et depuis l'institution du dalaï-lama, l'histoire du Thibet n'est plus que celle des relations de ce pays avec la Chine. Le gouvernement chinois fit payer en effet de l'indépendance du Thibet l'appui qu'il avait donné au chef de la secte de Galugpa. Il établit son protectorat sur le pays, se chargea d'en assurer la défense et d'en contrôler les relations extérieures. En 1706, les Kalmoucks kohols et dzoungaras s'étant mêlés des affaires du Thibet furent chassés par les armées de la Chine et une garnison chinoise fut installée, en 1720, à Lhassa. En vain des insurrections éclatèrent dans cette ville et le prince thibétain Nam-Djal (le victorieux) entreprit de briser la puissance du dalaï-lama et de chasser les Chinois, ses protecteurs. Les insurrections furent réprimées, le dalaï-lama fut vainqueur, et les Chinois firent assassiner Nam-Djal (1751). Le titre royal fut alors décerné au dalaï-lama et la soumission du Thibet devint si complète que les Chinois ne craignirent pas de démembrer le pays à leur profit; ils lui enlevèrent toute la partie orientale située à l'orient du Yang-tsé-kiang et la rattachèrent à la province chinoise du Sé-Tchouen, dont elle est restée depuis une dépendance. Le reste du Thibet lui-même fut rattaché au département des colonies de Pékin, représenté en la circonstance par le vice-roi du Sé-Tchouen.

On est encore à se demander chez certaines nations de l'Europe quelle est la méthode d'administration à employer dans une colonie pour assurer et maintenir l'autorité et le prestige du conquérant, ne pas molester les indigènes et réduire les frais de domination au minimum. Les Chinois ont depuis des siècles résolu ce problème à leur manière par l'adoption du système du protectorat dont ils ont fait des applications variées depuis le simple envoi décennal d'un léger cadeau par le peuple protégé au conquérant, comme la chose a eu lieu pour la Birmanie, jusqu'à la mainmise plus ou moins complète sur le pays soumis. En ce qui concerne le Thibet, c'est sous la forme d'un protectorat étroit et rigoureux que s'exerce la tutelle de la Chine. Le pouvoir de l'empereur est représenté en ce pays par deux délégués impériaux ou *ambans*, changés tous les trois ans et placés sous les ordres du vice-roi du Sé-Tchouen, avec lequel ils correspondent directement. Ces derniers sont chargés de l'administration militaire et des affaires étrangères et ont pour les seconder deux trésoriers généraux et deux commissaires résidant à Lhassa et à Chigatsé, et trois commandants de troupes en résidence à Lhassa, à Chigatsé et à Dingri. Des garnisons chinoises sont installées en ces trois villes. Indépendamment de ces fonctionnaires d'origine chinoise, l'autorité du Fils du Ciel s'appuie sur des fonctionnaires thibétains. C'est ainsi que la cour de Pékin choisit et nomme à vie le *nomokhan*, fonctionnaire spécial qui est le vrai souverain temporel du Thibet. C'est en effet au *nomokhan* (roi de la loi religieuse) qu'on nomme aussi *rgyalpo* (le roi) que sont délégués tous les pouvoirs civils; c'est à lui que revient la régence en cas de vacance du trône et en cas de minorité du dalaï-lama. Le confesseur du dalaï-lama ou gouro, le second personnage en dignité, après le nomokhan, est également nommé par l'empereur de Chine. Le dalaï-lama ne peut revêtir sa dignité que muni d'un diplôme en règle signé par l'empereur; et il en est de même du taschi-lama et des supérieurs des grands couvents du Thibet. D'ailleurs le gouvernement de Pékin n'admet point qu'au cours de sa réincarnation, le dalaï-lama puisse, en vertu de sa nature divine, échapper, d'une manière quelconque, à l'autorité impériale, et, le cas échéant, il s'arroge le droit de retirer tout pouvoir au dalaï-lama qui a cessé de plaire. Dalaï-lama, taschi-lama, et tous les grands fonctionnaires thibétains reçoivent en outre de Pékin un traitement annuel, et, tous les cinq ans, le dalaï-lama ainsi que le taschi-lama sont tenus d'envoyer des cadeaux à la cour de Pékin, sorte de tribut en retour duquel ils reçoivent d'ailleurs de magnifiques présents. En définitive, le résultat d'une lutte de dix-huit siècles au Thibet a été la destruction du pouvoir laïque et l'établissement de la domination du pouvoir spirituel, sous la suzeraineté de la Chine. Dans cette longue série des âges, la lutte entre le sacerdoce et l'empire s'est terminée par la victoire du sacerdoce, avec l'appui de l'étranger. Les rois du Thibet ne sont plus, et, comme représentants des seigneurs de grands clans féodaux de jadis il ne reste plus que quatre-vingts petits chefs vivant sur la frontière entre le Thibet et le Sé-Tchouen et plus ou moins dépendant de la Chine. Tout le reste du Thibet est régi par un gouvernement théocratique; c'est le clergé qui est le maître du pays.

CHAPITRE XVII

Organisation du Lamaïsme. — Les deux grands lamas de Lhassa et de Taschi-lumbo.

Ainsi, quoique la vraie doctrine de Çakya-Mouni ait été, dans ses commencements, la religion de l'égalité et ait eu pour but l'abolition des castes, le lamaïsme a, en somme, reconstitué les castes avec la domination des lamas. La population thibétaine se divise en effet en deux classes : les membres du clergé et les laïques, qui ont, chacun, des attributions nettement définies : l'une s'occupe des affaires du monde; l'autre est entièrement consacrée à celles du ciel; les uns travaillent, les autres prient. Jamais les gens du monde ne se mêlent des exercices religieux; en revanche, le clergé prend soin de tout ce qui a rapport aux intérêts spirituels.

Le clergé est extrêmement nombreux et compterait 500 000 membres, au dire de certains voyageurs, chiffre qui peut paraître exorbitant pour une population totale d'environ deux millions d'âmes. Ce qui est certain, c'est qu'il existe au Thibet près de 3 000 monastères dont quelques-uns comptent plusieurs milliers de moines, comme celui de Depung, qui en renferme 10 000, et ceux de Galdan, de Sera et de Taschi-lumbo qui en contiennent 3 000 également. Bon nombre de ces monastères sont d'ailleurs habités par des femmes qui sont astreintes aux pratiques austères du cloître. Une puissante organisation hiérarchique unit entre eux les divers membres du clergé; au bas de l'échelon, les élèves ou novices, les diacres, les simples abbés, les supérieurs des couvents, puis les incarnations qu'on appelle *koubilghans* en mongol et *koutoutka* en thibétain.

Les jeunes gens qu'on destine à être lamas sont reçus dans les monastères à l'âge de huit ou neuf ans. Presque toutes les familles thibétaines ont un membre, et c'est ordinairement l'aîné, qui est voué au sacerdoce. Dès qu'il est reçu au monastère, le candidat reçoit le titre de *toupa*. On lui donne l'éducation qui convient à son âge et aux devoirs auxquels il est destiné. A quinze ans, les toupas sont admis parmi les tohbas qui composent la classe la plus inférieure de l'ordre religieux. Quand ils ont atteint l'âge de vingt-quatre ans, on leur fait subir un examen rigoureux; et, si on les juge suffisamment instruits, on les élève au grade de *gylongs* ou moines. Ceux qui ont de grands talents ou du

crédit sont mis à la tête de quelque riche monastère. Dès qu'un gylong occupe une de ces places,
il est décoré du titre de lama, et tous les gylongs
du monastère lui doivent obéissance.

Les koubilghans sont aussi hiérarchisés entre eux,
suivant le degré de sainteté des personnages qu'ils
incarnent; il y a les incarnations de second rang
et les grandes incarnations. On compte 70 incarnations des disciples de Bouddha au Thibet, 76 en
Mongolie, et 14 dans les environs de Pékin[1]. Les
grandes incarnations sont au nombre de 6 : le
Grand-Lama d'Ourga, en Mongolie, celui de Pékin,
celui du Sikkim, la grande abbesse ou « diamant »
d'Yamdock, près de Lhassa, qui est une incarnation féminine, le Grand-Lama de Tashi-lumbo et le
Grand-Lama de Lhassa, ces deux derniers considérés comme bien supérieurs aux autres en dignité
spirituelle. Ces deux grands-lamas sont les deux
têtes de la hiérarchie monacale de l'*église jaune*
bouddhiste : ce sont, « les deux faces de Dieu ».

Le dalaï-lama n'est pas en effet, comme on l'a
cru généralement en Europe, le chef unique et
suprême du lamaïsme. Frappés de l'étendue du territoire soumis directement au dalaï-lama, territoire qui comprend la presque-totalité du Thibet
avec une population de 1 500 000 âmes dont
300 000 moines, les voyageurs de l'Occident ont

1. Grenard, *Le Thibet*, p. 343.

cru que le grand-lama de Lhassa était, en même temps que le souverain temporel, le pontife suprême de la religion lamaïque au Thibet, et plusieurs, le comparant au pontife romain, l'ont appelé le Pape bouddhique. Mot qui a fait fortune, mais qui ne correspond point à la réalité des faits. Il est à remarquer tout d'abord que le clergé thibétain ne forme point comme le clergé romain un corps un et indivisible ; ce clergé est divisé en plusieurs ordres monastiques différents, qui ont chacun leur hiérarchie spéciale, leur général propre et indépendant. Le dalaï-lama est à la tête du plus important de ces ordres : l'ordre de Galugpa fondé par Tsong-Kapa ; les généraux des autres ordres ont pour lui la déférence due à une personne éminente en dignité ; mais ils ne lui sont nullement subordonnés au point de vue religieux ; ils ne lui doivent obéissance qu'en tant qu'il est souverain temporel ; et c'est pour cela qu'il est absolument inexact de comparer le dalaï-lama au Pape et de parler de papauté bouddhique. Même dans l'ordre de Galugpa, il y a un personnage dont les voyageurs d'Occident ont peu parlé, mais que la piété traditionnelle des Thibétains considère comme plus élevé en dignité spirituelle que le dalaï-lama : c'est le Grand-Lama de Taschi-lumbo, ou taschi-lama avec lequel avait noué des relations, au xviiiᵉ sièle, Warren Hastings. En effet, le taschi-lama réincarne l'apôtre de Bouddha, Mangoa-Sri ou Amithaba, tandis que le dalaï-lama réincarne simplement le disciple de celui-ci, Avalokitçavara. Objet d'une vénération plus grande de la part des fidèles, il est appelé par eux le *Panchen Rimpoché*, « la gemme divine de science », « le docteur incomparable », ou *mahou gourou*, « le Grand Maître spirituel », titres plus glorieux et plus saints que celui que porte le dalaï-lama appelé par les Thibétains « joyau de majesté et de gloire ». C'est le taschi-lama qui prend part à la découverte, à l'examen des fonctions du jeune dalaï-lama chaque fois que s'accomplit une nouvelle métempsycose. De vieilles légendes, qui datent du temps où l'intervention d'un Charlemagne bouddhiste n'avait pas assuré la prépondérance au Grand-Lama de Lhassa en lui constituant un patrimoine de Saint-Pierre, attachent le sort de la religion nationale au destin du Panchen-Rimpoché; ce sera fait du lamaïsme au Thibet quand ce *glorieux maître* se sera retiré à Shambala, la Jérusalem céleste des bouddhistes. Et l'on peut dire que, si la protection des Mongols et des Chinois a conféré au dalaï-lama de Lhassa un pouvoir et un rang politiques supérieurs à ceux du Grand-Lama de Taschi-lumbo, les rapports religieux, dans l'église jaune bouddhique, n'ont pas été intervertis. La supériorité ecclésiastique du Panchen-Rimpoché sur le dalaï-lama n'en a pas moins continué à être admise par les adeptes du lamaïsme, et cette primauté est un fait tellement saillant dans le monde bouddhiste qu'elle a frappé, dès leur arrivée au Thibet, les premiers ambassadeurs envoyés au xviiie siècle par la Compagnie des Indes dans ce pays. « Le taschi-lama, écrivait en 1783 M. Turner à Warren Hastings dans son rapport sur la mission dont ce dernier l'avait chargé au Thibet, est respecté et obéi dans toute la Tartarie. Son influence s'étend même jusqu'aux extrémités du vaste empire de la Chine. Les Tartares, qui vivent sous des tentes, et les habitants du pays kalmouck et du khumback, accourent en foule pour lui rendre hommage et lui porter leurs offrandes. Le Grand-Lama d'Ourga en Mongolie et le dalaï-lama eux-mêmes ont pour lui la plus profonde vénération et leurs propres sectateurs le regardent comme le chef et le protecteur de leur religion. » C'est à la sublimité du caractère dont il était revêtu que, à cette même époque, le taschi-lama dut d'être sollicité de venir à la cour de Pékin par l'empereur de la Chine, Kien-long, qui désirait ardemment, avant de mourir, contempler dans ses vieux ans le Pontife suprême de l'église jaune bouddhique; et l'auguste personnage ayant fini par céder aux prières instantes et réitérées de Kien-long, l'empereur, dans un somptueux apparat, entouré de toute sa cour, alla, jusqu'au cœur de la Tartarie, attendre le taschi-lama devant lequel il se prosterna et auquel il promit d'accorder tout ce qu'il deman-derait, même la souveraineté temporelle sur le

Thibet. Le taschi-lama refusa prudemment un tel cadeau ; mais, soucieux de conserver au « Grand Maître spirituel » tout son prestige, le gouvernement de Pékin a toujours veillé à ce que ce dernier ne dépendît point, au point de vue temporel, du dalaï-lama et a laissé sous son administration directe un territoire peuplé d'environ 100 000 âmes autour de Taschi-lumbo et de Chigatsé. Même pour assurer l'égalité de souveraineté temporelle entre le taschi-lama et le dalaï-lama, le gouvernement chinois est allé jusqu'à répartir les *kalons* ou ministres thibétains et les *dapons* ou généraux entre ces deux souverains et leurs territoires respectifs.

Il est en outre un fait qui, dans un autre ordre d'idées, est à l'avantage du taschi-lama. Celui-ci, en prenant possession de ses éminentes fonctions, contracte avec la vie un bail de plus longue durée que son collègue de Lhassa. J'ai sous les yeux la liste officielle des taschi-lamas, telle qu'elle est conservée au monastère de Taschi-lumbo, depuis la fondation de ce monastère en 1447, et la liste officielle des dalaï-lamas arrêtée depuis la même époque jusqu'à nos jours. Durant cette période, 13 grands-lamas se sont succédé dans le gouvernement de Lhassa, tandis que 7 grands-lamas seulement ont occupé le siège de Taschi-lumbo. La mortalité des dalaï-lamas est donc du double plus élevée que celle des taschi-lamas. Les dalaï-lamas meurent presque tous jeunes; peu même arrivent à leur majorité. La cause de ce phénomène, qui pourra paraître étrange au premier abord, ne doit pas être recherchée ailleurs que dans les intrigues de nature religieuse ou politique qui s'agitent dans le gouvernement de Lhassa. Le nomokhan et les kalons n'aiment pas les pontificats prolongés, ni les chefs adultes, et leur intérêt est de multiplier les vacances du pouvoir, pour garder l'autorité suprême. D'autre part, les ambans, dès qu'ils soupçonnent un jeune dalaï-lama d'avoir de l'énergie et du caractère, sont tentés de le faire disparaître ou déposer. Retiré dans son nid de Taschi-lumbo à l'autre extrémité du Thibet, exerçant son autorité sur une étendue de territoire moindre, et par conséquent moins suspect aux ambans et moins surveillé par eux, excitant de moins nombreuses compétitions autour de lui, le taschi-lama a plus de chances de vie; il peut parvenir à un âge avancé, faire preuve de capacités, donner l'exemple des vertus que recommande Bouddha et se désigner à la vénération des fidèles bien mieux que le pontife presque toujours dans l'enfance de Lhassa.

Conformément à l'enseignement de Tsong-kapa, le taschi-lama et le dalaï-lama ne meurent point. Aussitôt après leur décès ou plutôt leur disparition de la terre, ils réapparaissent en s'incarnant dans le corps d'un enfant en bas âge que des lamas de rang élevé ont pour mission de rechercher et de découvrir. En général, leur choix tombe sur un enfant qui leur paraît des mieux doués, tant au point de vue physique qu'au point de vue de l'intelligence et du caractère. Dès le jour de son élection, le jeune Grand-Lama est soumis à un entraînement spécial et trouve dans le milieu où il vit, dans les égards dont il est entouré, la confirmation constante de l'enseignement qui lui est donné. Les premiers gestes qu'on lui fait faire sont ceux qui se rapportent aux éminentes fonctions qu'il est appelé à exercer. Les premiers mots qu'on lui apprend à balbutier ont trait aux actions de ses vies antérieures, de ses incarnations successives. Les résultats de cette suggestion tiennent du merveilleux, et c'est ici le cas de rapporter la scène curieuse dont fut un des héros l'ambassadeur de Warren Hastings, M. Turner, le seul chrétien qui ait été admis en présence d'un jeune Grand-Lama et ait pu l'entretenir.

Le matin du 5 décembre 1783, M. Turner fut introduit devant le jeune Grand-Lama de Taschilumbo, au monastère de Terpaling, qu'on venait de construire exprès pour ce dernier. Le taschilama avait été placé pour la circonstance sur son *musmud*, pile de coussins de soie formant un trône de quatre pieds de haut, couvert d'un tapis brodé et de soieries de diverses couleurs pendant sur les côtés. A sa gauche étaient son père et sa mère; à sa droite, l'officier chargé des soins particuliers à lui donner, et dans la salle 300 gylongs chargés de faire le service religieux auprès de lui. Le taschi-lama n'avait alors que dix-huit mois; il avait l'air très intelligent, le teint animé, les traits réguliers, les yeux noirs, une physionomie heureuse et il parut à M. Turner un des plus beaux enfants qu'il eût jamais vus. Il n'avait pas encore l'usage de la parole, mais son père fit remarquer à M. Turner qu'il pouvait agir avec le taschi-lama comme avec une grande personne, et que, bien que l'enfant ne fût pas en état de répondre, il était certain qu'il comprenait tout ce qu'on lui disait. L'ambassadeur d'Hastings s'avança alors et présenta au jeune taschi-lama une écharpe de soie blanche, don du gouverneur du Bengale, que l'enfant prit sans pré-cipitation de sa main, tandis que le reste des pré-sents était déposé à ses pieds. Le jeune taschi-lama regarda ces présents avec intérêt, parut très satisfait des hommages des envoyés anglais et, tout le temps qu'ils restèrent dans son appartement eut les yeux presque continuellement fixés sur eux. Lorsqu'ils eurent bu le premier thé qu'on leur pré-senta, il parut mécontent de ce que leurs tasses étaient vides, fronça le sourcil, pencha sa tête en arrière et fit du bruit jusqu'à ce qu'on leur en eût servi du nouveau. Prenant une coupe d'or, dans laquelle il y avait des confitures sèches, il en tira un peu de sucre brûlé qu'il leur envoya par l'un de ses officiers. M. Turner lui ayant dit ensuite « que le gouverneur général du Bengale ayant appris la nouvelle de sa mort avait été accablé de chagrin et avait continué à le regretter jusqu'au moment où le nuage qui avait obscurci le bonheur de la nation thibétaine, avait été dissipé par son retour à la vie, et qu'il espérait que le Grand-Lama continuerait à montrer de la bienveillance envers sa nation et étendrait les liaisons de ses sujets avec ceux du gouvernement anglais », le jeune taschi-lama fit plusieurs signes de tête qui semblaient donner à entendre qu'il comprenait et approuvait ce qu'on lui disait. Tout le reste de l'entrevue, il demeura tranquille, silencieux et se conduisit avec beaucoup de décence et de dignité, ne paraissant occupé que de M. Turner, et ne tournant pas une seule fois ses regards vers ses parents, et l'officier qui était chargé de lui. Tous les gestes qu'il faisait annonçaient beaucoup d'intelligence et semblaient ne venir que de lui-même. Et si, ajoute l'ambassadeur anglais, on prit beaucoup de peine pour le préparer à se bien conduire en cette occasion, il faut avouer que cette peine ne fut pas perdue.

Le Grand-Lama de Taschi-lumbo, et le Grand-Lama de Lhassa, chacun dans leur territoire respectif, cumulent le pouvoir spirituel et le pouvoir temporel; ils tiennent à la fois les clefs du ciel et de la terre; ils sont les souverains maîtres de toutes choses. Tout le territoire, y compris les maisons, leur appartient; les habitations ne sont que des abris dont le séjour est toléré par le maître universel. Pour l'administration des affaires temporelles, ils délèguent leurs pouvoirs à une sorte de vice-roi, choisi d'habitude parmi les supérieurs de grands couvents, lequel est assisté de cinq ministres ou kalons. Tout d'ailleurs est subordonné au clergé en ce pays. Ce sont les lamas qui détiennent presque toutes les fonctions administratives et civiles, qui exercent la justice rendue, au premier degré, par des tribunaux composés de trois juges pris parmi les novices du clergé, et en appel par des tribunaux supérieurs composés de lamas eux-mêmes, qui perçoivent à la fois les impôts du contribuable et les redevances spirituelles des fidèles. Du clergé dérive toute science : les imprimeries se trouvent dans les monastères; et, en dehors des livres sacrés, ne sont publiés que des ouvrages conformes à la foi et des livres de magie. Même les lamas font le commerce des objets pieux tout comme des articles profanes. Presque toutes les terres sont la propriété des couvents qui les font travailler par les paysans attachés à la glèbe.

En résumé, le clergé thibétain possède tous les éléments de domination connus : l'autorité religieuse, la richesse territoriale, la suprématie financière et commerciale, la force armée et la discipline, et il n'est pas jusqu'au prestige qui dérive du principe d'hérédité que les lamas n'aient accaparé en trouvant le moyen d'attribuer à ceux d'entre eux qui sont revêtus d'une haute autorité spirituelle l'incarnation, l'hypostase divine, dont ce n'est point seulement la race qui se perpétue à travers le siècle, mais la personne elle-même qui se réincarne, toujours identique, sous des formes successives. Grâce à sa hiérarchie si fortement organisée et à l'inflexible discipline à laquelle tous ses membres sont soumis, le clergé thibétain a acquis une puissance matérielle et politique inouïes.

Le peuple thibétain ne vit, n'agit, ne travaille, ne respire que pour le clergé, mais, si lourd que pèse sur lui le joug, il supporte avec docilité la domination des lamas, et suit avec zèle le culte et les rites du lamaïsme, et il n'est pas un fidèle du rite Galugpa qui n'aspire au bonheur suprême de faire en sa vie le pèlerinage de Lhassa ou de Chigatsé et de se prosterner en adoration devant les deux chefs spirituels du lamaïsme.

De Mongolie, de Chine, de Birmanie, du Siam, du Népâl, du Boutan, de Ceylan, du Japon, de Russie même, affluent les pèlerins vers les deux sommets de Potala et de Taschi-lumbo, bravant les difficultés du chemin, les privations et les intempéries et mettant quelquefois trois ans pour accomplir le voyage. De pieux pèlerins qui se rendent à Lhassa font d'abord sept fois le tour de la ville, non pas en marchant, mais en faisant des génuflexions et des mouvements spéciaux. Ils mesurent avec leur corps le périmètre de la ville, en se laissant tomber tout de leur long, se relevant et tombant de nouveau, leurs pieds placés à l'endroit qu'à précédemment touché leur tête, exercice très difficile et qui nécessite un long entraînement. Souvent, pour commencer, on met sur les paumes des mains de petites planchettes qui amortissent les coups, puis on apprend à poser les bras sur le sol d'une certaine façon afin d'éviter les foulures et les fractures des os du poignet. Ces pèlerins mettent ainsi trois jours à faire le tour de la ville, mais d'autres font le même exercice en y mettant plus d'un mois. Ceux-là font le tour de la ville sept fois avec leur face qu'ils appliquent contre le mur en déplaçant le nez à chaque mouvement. Parvenu au bout de ses peines, le pèlerin fait enfin l'ascension du Potala qui dresse à un quart d'heure de marche de la ville, à trois cents mètres de hauteur, son énorme masse de palais, de tours, de bâtisses, le tout entouré de murailles, et contenant, au dire de Nazounoff, qui l'a visité en 1901, plus de trois mille chambres. Un autre Bouriate d'origine russe, Agouan Dordjief, qui a visité le Vatican à Rome, assure que la résidence du dalaï-lama est beaucoup plus grande que celle du Pape. C'est au fond d'une de ces salles que le dalaï-lama reçoit sur un trône haut de deux archines (un mètre quarante), entouré de ses fonctionnaires. Le visiteur passe entre une file de cent hommes armés de fouets, salue selon le rite le dalaï-lama, en touchant trois fois la terre avec le front, et, se relevant, contemple « la face lumineuse du Pontife divin[1] », incarnation sur terre d'Avalokitçavara, fils spirituel d'Amithaba.

1. Nazounoff, *Récits de Voyage au Thibet. — Tour du monde*, 1904.

CHAPITRE XVIII

L'influence russe à Lhassa.

Mais c'est en vain que le Thibet s'est fait un rempart de son immobilité et qu'il a défendu jalousement l'accès d'un pays, devenu une sorte d'immense monastère. Toutes les nations du globe, grâce à la multiplication et à l'amélioration des voies de communication, sont rendues aujourd'hui solidaires les unes des autres et il devient de plus en plus difficile à une fraction du genre humain, quelque humeur chagrine ou craintive qu'elle ait, de maintenir son isolement. Tôt ou tard, il était inévitable que l'étrange tabou dont les Thibétains se sont entourés fût levé. L'heure où les barrières tombent, où les voiles s'abaissent, et où la nation la plus obstinément isolée voit se rétablir les contacts et les rapports naturels a enfin sonné pour le Thibet.

Et c'est même le gouvernement de Lhassa qui a

eu, en ces derniers temps, et sous la pression de récents événements, l'initiative de cette révolution. Devenus maîtres, en 1888, du Sikkim et n'ayant plus entre eux et le Thibet aucun État indigène indépendant, les Anglais ont enfin jugé le moment venu d'appliquer la dernière partie du programme adopté par la Compagnie des Indes à la fin du XVIIIe siècle, d'en revenir à la politique inaugurée par Warren Hastings et d'implanter définitivement leur influence au Thibet. C'est ainsi que par la convention du 17 mars 1890, conclue avec la Chine suzeraine, agissant pour le gouvernement de Lhassa, la Grande-Bretagne s'était réservé de faire déterminer par des commissaires spéciaux la frontière commune entre l'Inde et le Thibet et de discuter ultérieurement les questions relatives à l'établisse- de facilités pour le commerce sur la frontière et la méthode suivant laquelle devraient s'effectuer les communications entre les autorités anglaises de l'Inde et celles du Thibet; et que, par l'accord du 5 décembre 1893 signé à Darjeeling, elle avait fait stipuler qu'un marché commercial serait établi à Yatoung; que les sujets anglais se livrant à des opérations commerciales en cette localité pourraient circuler entre la frontière et ce point, et que les dépêches du gouvernement de l'Inde au résident impérial chinois du Thibet seraient remises à l'agent chinois de la frontière, qui les ferait par- venir à destination. C'était exactement ce qu'avait obtenu, il y a un siècle, Warren Hastings, de l'empereur de Chine par l'intermédiaire du taschi-lama. En même temps, le gouvernement de l'Inde cherchait à renouer avec le taschi-lama actuellement régnant les relations d'amitié qui avaient existé au xviiie siècle entre le souverain de Taschi-lumbo et la Compagnie des Indes. C'est ainsi qu'en 1878, le lama Ugyam-Gyatso fut envoyé auprès du taschi-lama sous prétexte d'offrir des présents à ce prince et qu'en 1879, le pandit Sara-Chandra-Daas fut chargé d'une mission secrète à Taschi-lumbo où, pour se mettre mieux à couvert contre les défiances des mandarins chinois, il se fit inscrire pendant son séjour comme étudiant en théologie avec l'autorisation du Panchen-Rimpoché.

Mais, ouvrir le Thibet au commerce britannique, c'était renverser la barrière maintenue avec tant de soin par le gouvernement de Lhassa entre le peuple thibétain et les étrangers ; cultiver l'amitié du taschi-lama, c'était intervenir dans une querelle déjà ancienne, froisser personnellement le dalaï-lama et susciter la défiance de Lhassa. Ceux qui ont étudié de près la politique intérieure thibétaine savent en effet qu'une union bien étroite n'a jamais existé entre les deux grands chefs spirituels du Thibet. Incarnation divine d'Amithaba, propre compagnon de Bouddha, le Panchen-Rimpoché a toujours prétendu, vis-à-vis du dalaï-lama, simple incarnation d'Avalokitçavara, disciple d'Amithaba, à toute la supériorité du maître sur le disciple. Il se considérait même comme le Père spirituel de ce dernier et aurait voulu exercer, en matière religieuse, l'autorité du père sur le fils. Il regardait aussi, au point de vue temporel, comme un usurpateur le souverain de Lhassa, lequel, avec l'appui de l'étranger, avait acquis la plus grande partie du Thibet, qui aurait dû rester soumise à ses maîtres légitimes, les souverains de Taschi-lumbo. La rivalité entre les deux chefs ecclésiastiques du Thibet s'était étendue aux territoires soumis à leur juridiction temporelle. Chigatsé voyait Lhassa d'un mauvais œil. En vain le gouvernement chinois s'était-il efforcé de balancer par des compensations l'inégalité établie, au point de vue temporel, entre le taschi-lama et le dalaï-lama et avait-il réparti entre leurs deux territoires les kalons ou ministres thibétains et les dapons ou généraux. Entre ces deux hautes incarnations l'inimitié subsistait toujours, entretenue, excitée, exaltée par les mille et un incidents de la vie nationale, pèlerinages, foires, cérémonies religieuses et les passions des foules.

Il semblerait même qu'en ces derniers temps, les taschi-lamas aient eu quelque velléité de prendre la tête d'une rénovation religieuse au Thibet. Le pandit Sara-Chandra-Dass, dans son curieux récit de voyage à Lhassa et à Taschi-lumbo (1886), raconte comment un Grand-Lama de Taschi-lumbo fut châtié pour l'audace sacrilège avec laquelle il porta la main sur un Bouddha afin de vérifier s'il était réellement doué des qualités miraculeuses qu'on lui attribuait. Il y a vingt-cinq ans, le Panchen-Rimpoché porta l'esprit d'indépendance jusque dans les matières dogmatiques et montra quelque indifférence à l'égard des divergences des deux sectes des « bonnets rouges » et « des bonnets jaunes », et ce pontife éclairé allait prendre l'initiative d'actes politiques de nature à inaugurer une ère nouvelle en ce pays figé dans une tradition étouffante, lorsqu'il fut accusé d'hérésie et frappé par une mort inopinée. Tous ces faits peu connus en Europe n'ont point été ignorés aux Indes et ont pu engager le gouvernement de Simla à profiter du désaccord existant entre les deux têtes de la hiérarchie monacale au Thibet. Mais on conçoit qu'une telle manière d'agir n'ait pas été du goût du gouvernement de Lhassa, et d'autant moins qu'il s'est trouvé à la tête de ce gouvernement, comme dalaï-lama, un homme d'initiative et d'énergie, Tombdan Gyamtso, né en 1876, qui, dès le début de son règne, s'était signalé par des actes de vigueur. Plus heureux que ses quatre prédécesseurs, qui n'avaient pu échapper au sort que les grands électeurs du dalaï-lama réservent d'ordinaire à leur élu et qui n'ont pu atteindre à l'âge nécessaire pour exercer le pouvoir suprême, Tombdan Gyamtso avait su arriver à sa majorité, s'était montré assez habile pour saisir les rênes du gouvernement, et son premier acte avait été de jeter en prison le régent et de le faire étrangler. Aux yeux de ses sujets et de ses fidèles, il passait pour avoir de l'ambition, s'occuper par lui-même des affaires de son pays et ne vouloir pas jouer le rôle d'idole condamnée à une existence de majestueux servage réservée habituellement au dalaï-lama. Se voyant dépouillé, au même moment, de territoires au Sikkim considérés comme lui appartenant, menacé dans son autorité politique par l'ouverture du Thibet au commerce anglais et dans son prestige religieux par les avances du gouvernement de l'Inde à son rival de Taschi-lumbo, Tombdan Gyamtso se mit à chercher un appui et ne pouvant compter sur la Chine dont la puissance est pour le moment affaiblie, alla prendre conseil ailleurs.

Depuis que la nécessité d'une politique d'expansion l'a amenée à s'annexer des populations bouddhistes, la Russie s'est attachée à entretenir des relations d'amitié avec les grands chefs spirituels du lamaïsme. Les premières tentatives en ce genre qui furent faites par elle remontent à l'époque de Catherine II, qui fit proposer plusieurs fois au taschi-lama d'établir des relations commerciales entre les provinces russes et l'intérieur du Thibet. La vigilante jalousie des Chinois empêcha ce projet d'aboutir, mais Catherine II fut plus heureuse d'un autre côté. Ayant envoyé au Grand-Lama d'Ourga en Mongolie des ambassadeurs chargés de riches présents avec mission d'inviter ce dernier à entrer en correspondance avec elle, elle obtint que des marchands russes viendraient commercer à Ourga, et, depuis lors, le gouvernement russe s'est efforcé d'entourer le Grand-lama de Mongolie de prévenances et d'égards et a augmenté ses attentions envers ce haut personnage au fur et à mesure du développement de la population bouddhiste dans l'empire. Celle-ci, par suite des conquêtes et des annexions, est devenue assez nombreuse et comprend; dans la Russie d'Europe, les Kalmoucks d'Astrakan et de Stavropol, ceux du Volga et de l'Oural, et, en Sibérie, les Bouriates et une partie des Tunghouses. Favorisés par le gouvernement russe, qui accorde des subventions à leurs lamas, ces bouddhistes lui sont très dévoués et vantent partout, dans leurs pérégrinations en Asie Centrale, aux monastères d'Ourga, du Potala et de Taschi-lumbo, les bonnes dispositions du tsar blanc à l'égard des fidèles sectateurs de Bouddha. On conçoit que, dans ces conditions, le gouvernement de Lhassa ait été disposé à entamer conversation avec Saint-Pétersbourg. Ce furent les bouddhistes d'origine russe qui servirent d'intermédiaire entre le dalaï-lama et le gouvernement du Tsar. En 1894, un lama kalmouck d'Astrakan, qui avait passé près d'une année à Lhassa, eut, à son retour en Europe par la Sibérie, un entretien avec le khamba-lama ou chef des lamas bouriates, et aussitôt celui-ci se rendit à Saint-Pétersbourg. L'année suivante, deux membres de la mission scientifique russe qui opérait dans le Turkestan Oriental reçurent l'ordre de se détacher de la mission et arrivèrent, en 1897, à Lhassa, accompagnés d'une escorte commandée par Kozloff. A la même date, le khamba-lama des Bouriates, de retour de son voyage en Russie, expédiait à Lhassa un de ses compatriotes, Agouan Djorgieff, sujet russe, qui fut nommé, aussitôt après son arrivée, directeur des affaires civiles auprès du dalaï-lama, sut gagner la confiance de ce dernier, reçut ses confidences et se fit envoyer en ambassade auprès du Tsar, qui le reçut, le 30 septembre 1900, au palais de Livadia. Le retour de Djorgieff à Lhassa fut suivi du départ d'une seconde ambassade auprès du Tsar, qui arriva et fut reçue à Péterhof à la fin de 1902. Djorgieff était en même temps nommé « grand maître de l'artillerie » et trésorier du dalaï-lama. Profitant de son crédit, il attirait à Lhassa, et dans les localités les plus importantes du Thibet, plus de cinquante sujets russes, qu'il plaçait dans divers postes au service du dalaï-lama et dans les couvents thibétains. En même temps des bruits lancés par la presse chinoise et la presse anglaise d'Extrême-Orient annonçaient comme certaine la conclusion entre la Russie et le Thibet d'un traité secret, qui mettait en réalité le dalaï-lama sous la protection du Tsar.

L'existence de ce traité a été depuis démentie, mais les allées et venues entre Saint-Pétersbourg et Lhassa, l'arrivée et le maintien dans cette dernière ville de l'escorte de Kozloff, l'influence acquise par Djorgieff n'ont pas été sans éveiller l'attention du gouvernement des Indes, et ces divers faits ont revêtu à ses yeux une signification d'autant plus marquée qu'au même moment toutes les tentatives qu'il faisait pour assurer l'exécution de divers engagements pris par les Thibétains se heurtaient, chez ces derniers, à une force d'inertie, à un mauvais vouloir absolu. C'est ainsi que le gouvernement de Lhassa se refusait obstinément, malgré les stipulations de la convention de Darjeeling, à nommer des délégués pour déterminer la frontière entre le Thibet et le Sikkim; qu'il continuait à entraver de toutes manières le commerce entre le Thibet et l'Inde, et qu'il fit, par exemple, élever sur la frontière, en arrière du marché d'Yatung, une longue et épaisse muraille, de façon à barrer la route aux commerçants qui seraient tentés d'aller faire du trafic dans cette localité. En vain le gouvernement de l'Inde formula, en 1901, des protestations à Lhassa et à Pékin. Un commissaire des douanes chinoises se rendit bien à Yatung, mais son action vis-à-vis des autorités thibétaines fut inefficace. Et quand, en 1903, le gouvernement britannique, qui s'était de nouveau adressé à la Chine, eut obtenu que des fonctionnaires thibétains, munis de pleins pouvoirs, seraient nommés pour régler, avec des commissaires anglais, les questions de frontière et de commerce en litige, les délégués thibétains ne vinrent pas. Encore au commencement de 1904, la frontière n'avait pas été fixée et rien n'avait été réglé.

De ce refus des Thibétains d'entrer en relations avec les Anglais autant que de la sympathie avec laquelle ils ont accueilli les Russes est sortie l'expédition anglaise du Thibet.

CHAPITRE XIX

L'expédition anglaise au Thibet
et le traité anglo-thibétain.

Le Thibet, confiné dans son isolement, offrait
une garantie de sécurité pour l'Empire indo-britannique. Fermant leur porte également à tout le
monde, les Thibétains se constituaient par cela
même les protecteurs de la frontière septentrionale
de l'Inde. Mais puisqu'ils cessaient de jouer‚ ce
rôle, ils devenaient un sujet d'inquiétude et de
danger. Le gouvernement de Calcutta a une vue
nette et juste des conditions dans lesquelles il peut
vivre et se développer; il sait que l'une est d'écarter
de la frontière nord tout voisinage désagréable et
dangereux. L'histoire est là qui lui a appris qu'un
ennemi puissant et belliqueux dominant en Afghanistan est bientôt maître du bassin de l'Indus et de
la plaine du Gange. C'est ce que démontrent avec
évidence les exemples des Ghaznévides, du sultan

Baber et d'Ahmed châh. Il en est exactement de même du Thibet. On ne saurait oublier à Calcutta qu'en 1795 une armée de 75 000 Chinois et Thibétains a envahi le Népâl, et l'idée ne peut paraître étrange à un Anglais qu'une armée européenne franchisse l'Himalaya et fasse son apparition dans la vallée du Gange. Il n'est donc pas étonnant que le gouvernement de l'Inde ne soit pas resté indifférent à la pensée qu'une puissance européenne comme la Russie, dont le prestige est grand en Asie Centrale, acquît la prépondérance à Lhassa et contrôlât la politique du vaste organisme politico-religieux, dont l'influence se fait sentir tout le long de la frontière de l'Inde et bien au delà; et lord Curzon se hâta de définir, le 30 mars 1904, la politique du gouvernement sur ce point : « L'Inde, dit-il, est comme une forteresse, avec l'Océan comme fossé de deux côtés et des montagnes de l'autre. Au delà de cette muraille on trouve un glacis d'étendue variable. Nous ne demandons pas à l'occuper, mais nous ne pouvons le voir occuper par un ennemi. Nous sommes très contents de le voir rester aux mains d'alliés et d'amis; mais, si des influences non amicales s'insinuent et pénètrent sous nos murs, nous serons contraints d'intervenir. C'est là le secret de toute la situation en Arabie, en Perse, en Afghanistan, au Siam, au Thibet ».

Devenu vice-roi de l'Inde, lord Curzon n'était pas homme à négliger d'appliquer les principes directeurs d'un tel programme. Publiciste, membre du Parlement, ministre, lord Curzon avait toujours été un impérialiste convaincu, un partisan de la politique d'action, d'expansion et de prestige. Vice-roi de l'Inde, il ne partageait pas les prudentes idées de l'école de Lawrence, des Neville-Chamberlain, de tous ces hommes d'État et de ces administrateurs qui ont tant contribué à créer l'empire anglo-indien et qui visaient à le renfermer dans ses limites naturelles. Non content d'exercer sur l'Afghanistan une surveillance minutieuse, de maintenir sur le Béloutchistan un contrôle sévère, de faire éclater son intérêt pour la Perse et ses prétentions sur ce royaume par le voyage qu'il fit en grande pompe dans le golfe Persique, de créer, entre l'Indus et la montagne qui marque la frontière naturelle de la Péninsule, une province limitrophe, quelque chose comme un confin militaire sur· l'antique modèle autrichien, il porta, dès qu'il le put, après la fin de la guerre sud-africaine, son attention sur le Thibet et chercha à implanter l'influence anglaise à Lhassa.

Tout d'abord, sur ses instigations, la Grande-Bretagne notifia à la Russie qu'à la suite de la mission envoyée par le dalaï-ama à Saint-Pétersbourg, en 1900 et 1901, « elle ne pouvait voir avec indifférence aucune mesure tendant à troubler l'état de choses existant au Thibet; » et, le 8 janvier 1903, le gouvernement de l'Inde informait le gouvernement impérial « que le seul moyen de parer aux dangers menaçant les intérêts anglais était, pour la Grande-Bretagne, de prendre l'initiative et d'accepter les propositions de la Chine relatives à une conférence, à la condition que cette conférence eût lieu à Lhassa et qu'un représentant du gouvernement thibétain y prît part ». Il suggérait en même temps que les négociations devraient embrasser la question tout entière des relations avec le Thibet et qu'on devrait obtenir la nomination d'un résident anglais permanent à Lhassa. Un mémorandum russe, envoyé le 2 février 1903 au Foreign-Office, ayant déclaré que la Russie pourrait, en raison de la démarche anglaise, prendre des mesures en vue de protéger ses intérêts, lord Lansdowne informait l'ambassadeur de Russie que, dans ce cas, à toute activité montrée par la Russie, la Grande-Bretagne serait obligée de répondre par une plus grande activité, et quelques semaines après, l'ambassadeur russe ayant soumis un document faisant part des vues russes et déclarant que toute atteinte portée au *statu quo*, au Thibet, pourrait obliger la Russie à sauvegarder ses intérêts ailleurs en Asie et que le Thibet faisait partie de l'Empire Chinois, lord Lansdowne répliquait « que la Grande-Bretagne n'avait pas l'intention d'annexer le Thibet, mais qu'elle devait obliger ce pays à remplir les engagements qu'il avait pris par traité ». En avril 1903, lord Curzon ayant obtenu la liberté d'envoyer une mission pour traiter à Lhassa, et l'ambassadeur russe

ayant fait des représentations à ce sujet, lord Lansdowne répliquait « que la Grande-Bretagne était
obligée d'agir ainsi, à cause de l'attitude provo-
cante des Thibétains qui refusaient de négocier et
ajoutait qu'il lui semblait plus qu'étrange que ces
protestations vinssent d'une puissance qui, dans le
monde entier, n'hésitait jamais à empiéter sur le
territoire de son voisin lorsque les circonstances
semblaient l'exiger, et que si le gouvernement
russe avait le droit de se plaindre de la Grande-
Bretagne au sujet des mesures prises par elle pour
obtenir réparation des Thibétains en s'avançant sur
leur territoire, quel langage, demandait lord Lansdowne, devrait tenir la Grande-Bretagne en ce qui
concerne les empiètements de la Russie en Mandchourie, dans le Turkestan et en Perse? »

Au mois de juin 1903, le colonel Younghusband,
à la tête d'une escorte de 300 hommes, franchis-
sait la frontière du Sikkim, et se rendait à Khamba-
jong, centre habité de l'autre côté de l'Himalaya, le
plus rapproché, et attendait quatre mois les délégués thibétains chargés de régler les questions liti-
gieuses entre le gouvernement de l'Inde et celui de
Lhassa. Ce dernier ayant fait répondre en fin de
compte qu'il n'accepterait aucune discussion tant
que les soldats anglais occuperaient son territoire,
le général Macdonald recevait l'ordre à son tour
d'occuper avec un corps de troupes de 3 000 hommes
la vallée du Chumbi, d'y rester l'hiver, puis, de se

rendre à Gyantsé, à mi-chemin de Lhassa, et, dans le cas où il n'obtiendrait pas des lamas une solution satisfaisante, de marcher sur Lhassa.

A vrai dire, la tâche a été des plus ardues. Tous ceux qui ont pénétré dans le pays des lamas à travers ce formidable rempart de l'Himalaya, nous ont laissé la description effrayante des dangers et des fatigues auxquels ils ont été exposés : tous, depuis les pélerins bouddhistes du haut moyen âge jusqu'aux récents héros de la science et aux envoyés hindous de l'Angleterre. Il suffit de lire le journal récemment publié de Sara-Chandra-Dass, le pandit bengali qui, en 1878 et en 1881, a visité Taschilumbo et Lhassa, et qui a suivi précisément le chemin qu'ont repris les troupes du général Macdonald, pour voir quelles ont pu être les difficultés de l'entreprise. Faire l'ascension de cols qui serpentent entre les sommets les plus élevés de la terre, gravir des sentiers de chèvres accrochés aux flancs de pics aigus, faire cet effort dans une atmosphère raréfiée, avec une température cruellement froide, en respirant un air hérissé de pointes de glaçons, tous ces obstacles n'ont pas été d'ailleurs les seuls qu'a dû surmonter le corps expéditionnaire. A cette sévérité du climat, à l'excessive âpreté de ce relief, il faut ajouter la rareté ou plutôt l'absence des vivres, la nécessité de transporter à dos d'homme le ravitaillement et les munitions de la colonne, d'accumuler dans des dépôts les provisions d'avenir, de tracer sur ces montagnes considérées comme inaccessibles, au milieu des avalanches, sur une couche de glace revêtant un fond de roc, des chemins suffisants pour la circulation des convois. La solution du problème du transport a demandé, à elle seule, une haute compétence stratégique chez les chefs et un dévouement à toute épreuve chez les hommes. La consommation en *yaks* — ces indispensables bêtes de somme, les seules acclimatées à ces hauteurs et que la nature a pourvues d'une fourrure épaisse et d'une force de résistance incroyable — a été effroyable, et force a été d'en chercher partout; au Sikkim, dans le Népâl, au Boutan, pour réparer des vides que les troupeaux du voisinage ne pouvaient plus combler.

Le plan de campagne n'en a pas moins été exécuté dans toutes ses parties. Le défilé de Julep, qui mène du Sikkim anglais dans la vallée du Chumbi, a été franchi le 13 décembre 1903, la vallée du Chumbi occupée, et l'hiver passé dans ces solitudes glacées, à la base du piédestal qui supporte les géants de l'Himalaya, à une altitude supérieure à celle du sommet du Mont-Blanc, les troupes anglaises escaladèrent au printemps les cols de ces hauteurs, descendirent sur le plateau thibétain et atteignirent, le 10 avril, Gyantsé en empruntant pour leur passage le territoire du Grand-Lama de Taschi-lumbo. Ce dernier, comme si un accord le liait au gouvernement anglo-indien,

n'offrit aucune résistance et ce furent les seuls
contingents appartenant au territoire du dalaï-lama
et placés sous les ordres des dapons ou généraux
de Lhassa qui s'opposèrent à l'invasion et combat-
tirent les Anglais à Gourou et à Gyantsé avec un
héroïsme farouche qu'on n'attendrait guère
d'hommes considérés jusqu'alors volontiers comme
des êtres doux et pusillanimes auxquels la pratique
d'une dévotion exagérée aurait enlevé tout ressort
et toute énergie. Le 3 août, les Anglais entrèrent à
Lhassa; le dalaï-lama avait fui et gagné les routes
de Mongolie, laissant Lhassa et son gouvernement
dans l'anarchie; le major Kozloff et le bouriate
Djorgieff avaient également quitté la ville.

Et tandis que le grand prêtre en qui revit la per-
sonnalité divine d'Avalokitçavara courait les
grandes routes, songeant à soustraire sa face
auguste aux regards des sacrilèges envahisseurs,
l'ambassadeur du Népâl qui accompagnait l'armée
anglaise comme représentant d'un État bouddhiste
allié et ami à la fois des Anglais et des Thibétains,
et devant jouer le rôle de suprême conciliateur,
assemblait les régents, les ministres et les supérieurs des grands couvents des environs de Lhassa
et organisait avec eux un gouvernement provisoire
devant exercer un pouvoir intérimaire et limité,
comme en cas de vacance du trône. L'ordre renais-
sait à Lhassa; les habitants que la vue des étrangers frappait les premiers jours de terreur, se met-

taient à fraterniser avec les soldats; des démons-
trations réciproques d'amitié étaient échangées;
des cérémonies majestueuses célébrées dans le
palais-sanctuaire de Potala; des présents et d'abondantes aumônes distribués aux lamas au nom du
gouvernement de l'Inde; et, grâce au prestige religieux dont jouissait auprès de ses coreligionnaires
le représentant du Népâl, grâce à la diplomatie
avisée et insinuante de cet éminent personnage, qui
a fait, pour assurer le succès de la politique
anglaise, autant que la supériorité d'armement, la
discipline et l'endurance du corps expéditionnaire,
le colonel Younghusband réussissait à obtenir des
autorités thibétaines un traité qui inaugurait un
état de choses tout nouveau au Thibet.

Ce traité, en thibétain, chinois et anglais,
rédigé en trois colonnes sur une immense feuille
de parchemin, à cause des scrupules religieux qui
ne permettent pas aux lamas de multiplier les
pages, contient dix articles et un préambule. Les
dispositions essentielles ont trait à l'établissement
de trois marchés sur la frontière, à Yatoung, à
Gyantsé et Zartok : à l'établissement d'un tarif avec
suppression des douanes intérieures, au payement
d'une indemnité de guerre de douze millions et
demi; à l'occupation anglaise de la vallée de
Chumbi jusqu'à l'acquittement intégral de l'indemnité et jusqu'au fonctionnement des marchés; au
démantèlement des forts dans la zone frontière,

C'est l'article 9 qui est le plus important. Il prescrit que, sans le consentement de la Grande-Bretagne, nulle portion du territoire thibétain ne pourra être vendue, louée ou hypothéquée à une puissance étrangère; qu'aucune puissance étrangère ne pourra s'immiscer à un titre quelconque dans le gouvernement ou l'administration des affaires du Thibet; que nulle puissance étrangère ne pourra envoyer au Thibet des agents officiels ou des personnes privées pour s'y occuper de la conduite des affaires : qu'aucune puissance étrangère ne pourra obtenir l'autorisation de construire des routes, des chemins de fer, des télégraphes ou d'exploiter des mines au Thibet.

Toutefois, au cas où l'Angleterre consentirait à laisser une autre puissance construire des routes ou des chemins de fer, ouvrir des mines ou établir des lignes télégraphiques, elle se réserve d'abord d'examiner pour son propre compte les moyens d'accomplir l'œuvre proposée par cette autre puissance.

Enfin aucune propriété foncière contenant des minéraux ou des métaux précieux, au Thibet, ne pourra être hypothéquée, échangée, louée ou vendue à aucune autre puissance étrangère.

Il n'y a pas à se le dissimuler, ce traité institue une sorte de protectorat britannique sur le Thibet. Sans doute on ne trouve pas, dans le texte même de la convention, une stipulation quelconque relative à la nomination d'un résident anglais à Lhassa, ce qui a été considéré jusqu'ici comme le grand ressort, la cheville ouvrière de tout protectorat. Mais on sait que les Anglais sont passés maîtres dans l'art de trouver des combinaisons et des arrangements qui permettent de laisser le pouvoir nominal au souverain d'un pays tout en gardant pour eux l'autorité réelle. Peu leur importe le nom, pourvu qu'ils aient la chose. Même, en l'espèce, l'article 9 aggrave le nouveau protectorat par l'exclusion de toute entreprise étrangère, l'Angleterre ne se contente pas d'avoir sa part dans le commerce avec le Thibet, elle exclut de ce commerce toute autre puissance, le Thibet étant obligé de refuser aux États voisins les avantages mêmes que l'Angleterre se réserve exclusivement pour son profit personnel.

En somme le traité anglo-thibétain est une nouvelle formule du protectorat appliquée par l'Angleterre. La fiction diplomatique qui l'institue trouve sa raison d'être et une justification suffisante dans le désir du gouvernement britannique de ne pas offusquer trop ouvertement la Chine, puissance suzeraine, et de lui permettre de sauver la face. Le gouvernement chinois d'ailleurs, en toute cette affaire, n'a montré aucune velléité de contrecarrer les projets de l'Angleterre.

Voyant avec peine l'influence de ses ambans perdre du terrain à Lhassa par suite de la politique pleine d'initiative du dalaï-lama, il a plutôt fait cause commune avec elle et n'a pas été hostile à l'établissement d'un nouvel état de choses qui pourrait donner un renouveau de prestige à ses représentants. C'est ainsi que les soldats chinois n'ont pris aucune part aux combats que les Thibétains ont livrés pour la défense de leur sol et que l'amban chinois, en résidence à Lhassa, est allé, bannières déployées et ses troupes en armes, visiter le colonel Younghusband et le féliciter. Mais, et surtout, le traité anglo-thibétain a trouvé sa valeur vraie dans une mesure qu'a prise le gouvernement chinois quelques jours après sa conclusion. Le traité est du 7 septembre, et le 15 septembre a paru un décret de l'empereur de Chine qui a dû surprendre tous ceux qui n'étaient point au courant des liens qui unissaient le Thibet à la Chine, tant au point de vue des affaires intérieures qu'au point de vue international. Par ce décret le dalaï-lama, était déposé et le taschi-lama, le Panchen-Rim-poché, le grand pontife du monastère de Taschi-lumbo, était désigné pour recueillir sa succession.

Tous les pouvoirs temporels et spirituels du dalaï-lama ont été transférés au taschi-lama. Celui-ci sera dorénavant représenté à Lhassa par quatre conseillers qui, dans des conditions déterminées, partageront le pouvoir politique avec l'amban chinois. A la tête du gouvernement du Grand-Thibet le « Souverain Maître spirituel » remplace

« le Joyau de majesté et de gloire ». Le divin Amithaba ne voit plus dans son disciple, Avalokit-çavara, un usurpateur au temporel. L'histoire a de ces retours; le Panchen-Rimpoché a accepté sans doute avec sérénité ce jeu de la fortune; l'Angleterre l'a accueilli avec non moins de plaisir, et l'on comprend maintenant pourquoi elle n'a pas grand besoin d'un résident à Lhassa, l'éminent personnage dont elle a cultivé depuis un siècle l'amitié et qui lui a donné sans cesse des marques effectives de bon vouloir, étant devenu, lui-même, le chef du Grand-Thibet.

Il ne faudrait d'ailleurs pas croire que ce soit sur l'étendue entière du Grand-Thibet, tel que nous le représentent encore nombre de documents géographiques, que l'influence anglaise va s'exercer. On dirait que la Chine a prévu, depuis quelques années, la mainmise des Anglais sur les États du dalaï-lama, et elle a pris en tous cas des dispositions en conséquence. Depuis le jour où, à la suite de l'annexion du Sikkim, l'accès du Grand-Thibet a été ouvert aux Anglais, la cour de Pékin a cherché à diminuer peu à peu l'étendue du pays soumis à l'autorité du dalaï-lama, en en détachant, chaque fois que l'occasion s'en est présentée, quelque parcelle de territoire. Dès 1886, elle enlevait au royaume de Lhassa les pays des Hortous et des Ribotchés et donnait l'ordre aux chefs des lamas des provinces de Djaya et de Tchamdo d'envoyer des ambassades périodiques à Pékin, ainsi que le font le dalaï-lama et le taschi-lama, et sanctionnait ainsi leur indépendance à l'égard du gouvernement de Lhassa en même temps que leur subordination à l'égard du gouvernement chinois. En même temps elle attisait les sentiments d'indépendance des princes thibétains voisins de leur frontière, les excitait à la révolte contre le dalaï-lama et les rattachait à son autorité directe. C'est ainsi qu'en 1887, la diplomatie chinoise prenait fait et cause pour les gens du pays des Horkanysar contre le gouvernement de Lhassa, qu'en 1890, la province du Ményag à son tour se révoltait, à l'instigation des Chinois, et chassait les fonctionnaires thibétains, qu'en 1894, les gens du pays de Sourmang, toujours sous la même pression, se refusaient à payer l'impôt à Lhassa. Aujourd'hui tous ces pays sont sous l'autorité directe de la Chine et un préfet chinois est installé au Ményag. Ce n'est donc plus sur le Grand Thibet tout entier, tel qu'on se le figure ordinairement, que va s'étendre l'influence anglaise, mais sur un Grand Thibet limité et réduit par les démembrements successifs que vient de lui faire subir la Chine et borné aux seuls territoires soumis actuellement au dalaï-lama. Les anciennes provinces thibétaines que vient de s'annexer la Chine sont toutes situées à l'orient du Thibet et forment une longue bande de territoire continue. Elles constituent donc dès maintenant une sorte d'Etat-tampon que le gouvernement de Pékin, fort avisé en la circonstance, a su élever entre le Grand Thibet où a voulu s'infiltrer l'influence anglaise et les provinces propres de la Chine.

V

LA DERNIÈRE CONVENTION
ANGLO-RUSSE

CHAPITRE XX

Situation respective de l'Angleterre et de la
Russie en Asie centrale au moment du traité
anglo-russe.

Ainsi, à la veille du traité anglo-russe, la position des deux rivaux pour la prépondérance dans
l'Asie Centrale était la suivante. Au Thibet, l'Angleterre avait partie gagnée. Elle s'était fait sa part
dans le commerce du Thibet et avait exclu de ce
commerce toute autre puissance. La Russie avait
bien protesté au début des opérations du colonel
Younghusband, mais ses protestations étaient restées vaines, et elle n'avait pu insister autrement,
engagée qu'elle était dans la lutte terrible qu'elle
soutenait contre le Japon. En Afghanistan, l'influence anglaise était prépondérante, exclusive, et

cette situation privilégiée était reconnue et acceptée en fait et en droit, à la fois par les souverains afghans et par la Russie. En Perse, au point de vue politique, les deux puissances, liées par l'accord de 1834 et par des déclarations postérieures qui garantissaient l'indépendance de la Perse, étaient sur un pied égal. Mais, au point de vue économique il n'en était plus de même : l'influence russe dominait dans le Nord, le commerce anglais dans le Sud. L'infiltration russe s'était rendue maîtresse des marchés de Recht, de Tauris, de Téhéran. Les soixante-quinze millions d'affaires qu'a faites Recht en 1906 avec le reste du monde passaient entièrement par les mains des importateurs et des exportateurs russes. Ce sont des Russes qui avaient construit la route entre Enzeli et Téhéran, et toutes les entreprises de transports dans cette région leur appartenaient. Seuls leurs navires avaient le droit de naviguer sur la Caspienne et, en conséquence, le monopole du commerce leur appartenait dans cette région.

D'autre part, l'Angleterre tient de beaucoup la première place dans le mouvement commercial du Sud de la Perse. Pour Bender-Abbas, le principal port du littoral méridional persan, les importations de l'Inde et des ports anglais représentaient, en 1904, 78,6 pour 100 ; en 1905, 72,8 pour 100 ; et en 1906, 56 pour 100 des importations totales, proportion décroissante, il est vrai, mais qui ne

pouvait être attribuée qu'à la situation troublée de
la Perse et qu'on peut considérer comme passagère.
Les exportations persanes, viâ Bender-Abbas, à
destination de l'Inde et de l'Angleterre n'avaient
en tout cas pas subi le contre-coup de ces troubles
car elles se maintenaient, en 1904, 1905 et 1906,
à 81 pour 100 des exportations totales. Sur 173
vaisseaux ayant touché ce port en 1906, 155 étaient
anglais et 10 russes.

Dans le golfe Persique même, les Anglais avaient
à peu près monopolisé à leur profit le mouvement
commercial. Entre le détroit d'Ormuz et l'embouchure du Chatt-el-Arab, quarante navires contre
un étaient anglais. Sur un total de 71 125 000 francs
représentant la valeur des importations du golfe
Persique en 1900, 62 675 000 francs représentaient
la part du commerce anglo-indien, et la proportion
était la même pour le chiffre des exportations qui
s'élevaient à 52 175 000 francs. Deux fois par mois
des paquebots partaient d'Angleterre à destination
du golfe, qui était en outre mis en communication
avec Bombay par une ligne de navigation. Une
bonne partie du littoral avait été placée sous l'influence politique de l'Angleterre. Sur la côte arabique, cette puissance avait fait accepter son protectorat à la petite république de Kowéït, non loin
de l'embouchure du Chatt-el-Arab, occupé plus au
Sud les îles Bahréïn, signé des traités politiques
avec les chefs des tribus de la Côte des Pirates,

depuis la partie du littoral à hauteur des îles Bahréïn jusqu'au cap Masandam qui commande l'entrée du détroit d'Ormuz. Elle tenait sous sa dépendance l'État d'Oman dont elle pensionnait le Sultan. Sur la rive persane, de l'autre côté du golfe, elle s'était installée à Gualior et avait mis une garnison de cipayes de l'Inde à Djask, à l'entrée du détroit d'Ormuz. Pour surveiller le commerce et pour assurer la domination de l'Angleterre, cinq résidents politiques étaient fixés à Mascate, Kowéït, Bender-Abbas, Bahréïn, Boushire. Le plus élevé d'entre eux, celui de Boushire, vrai maître dans ces parages, était appelé « le roi du golfe Persique » par les riverains : le golfe lui-même était considéré comme un lac anglais.

En somme, et quoi qu'on en ait dit, des deux puissances en lutte en Asie, c'est l'Angleterre, et non la Russie qui, depuis un siècle, avait déployé le plus d'efforts pour s'assurer cette hégémonie et accaparer le plus de peuples et de royaumes. Partie du cours moyen du Gange au commencement du siècle dernier, elle s'était élevée progressivement vers le Nord, s'emparant de tout le cours du Gange et des hautes vallées de l'Indus. Elle avait soumis le Cachemire et, franchissant les crêtes de l'Hima-aya, avait assujetti le Petit et le Moyen Thibet, dépassé les cimes lointaines du Karakorum et du Kouen-loun et poussé une pointe extrême à Chahi-doulla, sur l'Yarkand, en plein Turkestan chinois.

Enfin, le traité de Lhassa lui avait donné la prépondérance au Grand Thibet. A l'Ouest, elle avait détruit l'empire Sikh, annexé le Pendjab, franchi le moyen Indus, annexé l'Afghanistan anglais jusqu'aux monts Souleïman, soustrait le reste de l'Afghanistan à toute autre influence que la sienne. Elle avait atteint ainsi le cours du moyen et du haut Oxus, à un point où jamais maître de l'Inde n'avait pu parvenir et était devenue limitrophe des possessions russes. Tout le Béloutchistan lui était soumis.

Descendue du Caucase, la Russie s'était incorporé la Géorgie, avait soumis les Tcherkesses et autres peuplades mahométanes, conquis l'Arménie persane, pris Kars et Batoum et poussé jusqu'à l'Ararat et l'Araxe. Elle s'était ainsi créé une province de Transcaucasie, mais elle avait dû s'arrêter de ce côté à plus de 1000 kilomètres de la frontière de l'Inde. Il est vrai qu'elle avait su, dans ces vingt dernières années, acquérir une influence considérable à la cour même de Téhéran. Elle avait fait prêter, par l'intermédiaire de la Banque russe des Prêts, établie à Téhéran, 22 millions de roubles à Mozaffer-ed-Dine, lors de son avènement, et avancer deux autres emprunts en 1901 et 1902. Cette banque lui assurait le monopole financier dans la Perse Septentrionale. Enfin, un général russe était à la tête, à Téhéran même, d'une brigade cosaque, formée d'éléments indigènes instruits et élevés à la russe et qui constituait la meilleure garde du shah.

De l'autre côté de la Caspienne, les progrès des Russes avaient été plus marqués. Par bonds successifs, ils s'étaient portés au cours du xixᵉ siècle de l'Oural à la base des monts Thian-Chan et avaient atteint la frontière de Chine, occupant ainsi tout le bassin du Syr-Daria, la rive droite de l'Amou-Daria, et la rive gauche de ce fleuve jusqu'au cours de l'Attrek. C'est une surface plus grande que celle de la France. Mais, à part les hautes vallées situées à l'Orient, à la base des monts, comme celles de Ferganah et de Samarcande, et quelques oasis comme celles de Khiva et de Merv, la majeure partie n'était que steppes et déserts. Encore la Russie, s'étant laissé devancer par l'Angleterre sur le haut Oxus, n'avait-elle pu atteindre le pied de l'Hindou-Kouch, qui est la limite naturelle du Turkestan.

Non contente cependant d'avoir par delà l'Hindou-Kouch, le Karakorum et l'Himalaya, transformé le Béloutchistan, l'Afghanistan et le Thibet en autant de glacis de la frontière Nord-Ouest de l'Inde, l'Angleterre a cherché, tout récemment encore, à augmenter la sécurité de son empire anglo-indien par des alliances et des traités. Le traité de Portsmouth, qui a mis fin à la guerre russo-japonaise, n'était pas encore signé que, profitant de l'état de choses nouveau créé en Extrême-Orient, elle a conclu avec le Japon, le 13 août 1905, un traité aux termes duquel il est stipulé que la Grande-Bretagne « ayant un intérêt spécial dans tout ce qui concerne la sécurité de la frontière de l'Inde, le Japon reconnaît son droit de prendre à proximité de cette frontière telles mesures qu'elle jugera nécessaires pour sauvegarder ses possessions de l'Inde. » Partout, dit l'article 1er, où quelques-uns de ces droits et de ces intérêts seraient menacés, les deux gouvernements doivent communiquer l'un avec l'autre pleinement et franchement, et considérer en commun les mesures à prendre pour sauvegarder ces intérêts et ces droits. Expliquant le sens de ces déclarations, l'article 2 ajoute que si, par suite d'une attaque non provoquée ou d'une action agressive, une des deux parties contractantes est impliquée dans une guerre pour la défense de ses intérêts territoriaux ou de ses intérêts spéciaux, l'autre partie viendra immédiatement au secours de son alliée, fera la guerre en commun et conclura la paix d'un accord mutuel avec elle. De par ce traité, l'Angleterre était laissée maîtresse de faire ce qu'elle voudrait dans les pays voisins de la frontière Nord-Ouest des Indes, y compris la Perse; et le Japon devait mettre ses forces à sa disposition, dans le cas où une puissance étrangère quelconque s'opposerait par la force à son action. D'aucuns ont prétendu que la Russie seule était visée dans ce cas, car seule elle est en mesure, par la contiguïté de ses frontières et de celles de l'Inde, d'envoyer une armée sur le plateau de l'Iran et dans les hautes vallées afghanes. On conçoit quel élément de sécurité le traité anglo-japonais du 13 août 1905 a apporté à la frontière Nord-Ouest de l'Inde. C'est toute l'armée japonaise qui peut être appelée, le cas échéant, à coopérer à la défense de cette frontière.

CHAPITRE XXI

Considérations qui ont motivé
l'accord anglo-russe.

On comprend sans peine que les politiques anglais
aient suivi avec une croissante préoccupation sur
terre ferme comme dans les eaux du golfe Persique
l'ombre grandissante projetée par les combinaisons
des hommes d'action de Saint-Pétersbourg. Aux
portes de l'Afghanistan qu'ils dominent, à la lisière
du Béloutchistan qu'ils détiennent, dans le golfe
Persique où leur marine est maîtresse, à Kowéït et
à Bahréïn qu'ils protègent, les maîtres de l'Hindoustan étaient aux aguets, surveillant d'un œil
inquiet l'horizon persan. Il ne pouvait leur être
indifférent que la vaste monarchie des Arsacides
tombât sous la dépendance immédiate ou indirecte
d'une grande puissance occidentale, et il était du
plus haut, du plus palpitant intérêt pour eux de
ne pas laisser attacher aux flancs de leur empire

anglo-indien un aussi formidable avant-poste. Au centre de l'Asie, le plateau de l'Iran commande en effet les chemins qui relient entre elles les parties opposées de ce continent massif et dominent les communications terrestres de l'Inde avec l'Europe. La question capitale pour l'Angleterre est de disposer de ces voies de communication ou au moins d'avoir la haute main sur elles, tout autant que de rester maîtresse de l'Océan Indien. Les récents progrès de la pénétration russe dans la Perse avaient éveillé les inquiétudes et les appréhensions anglaises sur le sort des futures voies de communication transpersanes. On s'était demandé si la bataille engagée par la Russie sur le terrain économique ne serait pas le prélude d'une annexion ou d'un protectorat officiel et la question s'est posée de savoir qui doit dominer en Perse et dans le golfe Persique, de l'Angleterre ou de la Russie. Quel est l'avenir de l'Iran?

S'il fallait en croire un écrivain militaire renommé, le capitaine Mahan, la réponse à cette question ne saurait être douteuse et ce serait l'Angleterre, et l'Angleterre seule, qui devrait être appelée à dominer le plateau iranien et le rivage qui le baigne au midi. Se fondant sur l'œuvre de pénétration poursuivie depuis plusieurs générations par la Grande-Bretagne pour maintenir l'ordre dans le golfe Persique, le capitaine Mahan estime, dans une étude qui a reçu une approbation à peu près générale dans la presse de l'autre côté du détroit, que cette puissance n'a pas à partager avec une autre nation le bénéfice des efforts accomplis : qu'elle doit décliner toute tentative ou toute offre faite en ce sens, non seulement parce que c'est son intérêt, mais encore parce que c'est son devoir à l'égard de l'empire britannique, et il invoque, comme raisons à l'appui de ce refus nécessaire, la sécurité de l'Inde qu'un changement sérieux dans la situation politique du golfe Persique affecterait à son détriment, ensuite la sécurité de la grande voie de communication qui conduit de l'Europe à l'Inde et qu'une escadre russe ayant pour point d'attache un port du golfe pourrait inquiéter et menacer, et enfin les intérêts économiques et commerciaux de l'empire Indien. Donc, pas de concession dans le golfe Persique; pas de condominium, pas d'arrangement qui puisse limiter dans aucune circonstance la suprématie britannique dans le voisinage de l'empire des Indes.

Mais il importe tout d'abord de faire remarquer que la thèse du capitaine Mahan, qui crée en quelque sorte une nouvelle doctrine de Monroë en faveur de la sphère d'influence anglaise dans le golfe Persique, et qui ne vise rien de moins que l'absorption de la Perse dans le domaine britannique, ne va pas sans porter atteinte à des multiples engagements internationaux. Les déclarations de la Russie et de la Grande-Bretagne, portant que la

Perse devait être maintenue comme État-tampon indépendant, ont été renouvelées plusieurs fois depuis 1834 et notamment en 1889. Les notes échangées entre l'Angleterre et la Russie équivalent à un engagement mutuel de respecter l'indépendance de cet État, et aucun des deux gouvernements, autant qu'on peut le savoir par les déclarations faites à plusieurs reprises par le Foreign-Office et en 1902 par lord Cranborne au parlement britannique, n'a jamais tenté de répudier cette interprétation. Il y a lieu de faire ressortir en outre que l'absorption totale de la Perse serait contraire à la politique traditionnelle de la Grande-Bretagne qui consiste, depuis qu'elle est entrée en possession de son empire indien, à maintenir l'indépendance de la Perse et la liberté du commerce dans ce pays. Il ne faut pas oublier non plus que cette absorption, bien loin de l'éviter, ne ferait qu'augmenter l'antagonisme entre la puissance au profit de laquelle l'absorption aurait lieu et la puissance au détriment de laquelle se ferait l'absorption. La Russie notamment s'accommoderait-elle facilement de voir l'influence anglaise dominer exclusivement à la cour de Téhéran et le pavillon britannique flotter seul sur le golfe Persique?

Mais, en dehors des arrangements internationaux existants, les raisons invoquées par le capitaine Mahan pour justifier la nécessité de la mainmise de l'Angleterre en ce pays, ne sont pas, à notre avis, décisives. Il y a lieu de se demander si la présence d'une escadre russe dans les eaux de la Perse pourrait constituer par elle-même une menace bien sérieuse pour les Indes et la grande voie maritime qui mène d'Europe en Orient. Cette force navale placée dans une situation excentrique par rapport à l'empire russe, ne serait-elle pas plutôt, comme d'aucuns l'ont fait remarquer, une proie facile à capturer par la flotte britannique supérieure en nombre et maîtresse de l'océan Indien? Et pour ce qui est des intérêts économiques et commerciaux de l'Angleterre et de l'Empire indien, ces intérêts sont-ils tellement exclusifs qu'ils ne pussent coexister avec d'autres et se développer concurremment avec eux, tellement impératifs qu'ils ne pussent recevoir satisfaction que par l'absorption de la Perse au profit de l'Angleterre?

C'est ce que ne paraissait pas penser, dans ces dernières années, le gouvernement anglais lui-même. « Il faut, disait tout dernièrement lord Cranborne dans une séance du Parlement, il faut absolument qu'on se rende compte que nous n'avons pas le monopole du prestige en Asie, et qu'au fur et à mesure que d'autres pays doués de ressources importantes, d'une grande énergie et de grandes facultés administratives, continuent à développer leurs intérêts en Asie, la situation de la Grande-Bretagne vis-à-vis de ces pays doit fatalement subir des modifications. Il n'y a pas de honte à l'avouer. »

La situation politique dans le bassin Persique n'est plus en effet ce qu'elle était il y a un démi-siècle, alors que l'Angleterre aurait pu, sans soulever peut-être d'efficaces protestations, annexer tout le littoral persan. D'autres intérêts ont surgi qui sont de nature à influencer l'attitude générale de la Grande-Bretagne en Orient. Mais ces intérets, tous comptes faits et toutes considérations pesées, ne paraissent pas inconciliables, et il n'est pas nécessaire que l'indépendance de la Perse soit l'enjeu de la partie qui se joue entre l'influence anglaise et l'influence russe à Téhéran. Un terrain d'entente était tout trouvé, d'autant plus aisé à suivre que les circonstances l'avaient imposé depuis un siècle et qu'on s'y était tenu depuis : c'était la continuation de la politique adoptée dès 1834 par l'Angleterre et la Russie à l'égard de la Perse. Le gouvernement britannique et le gouvernement russe pouvaient maintenir l'intégrité de cet État comme par le passé, continuer à se montrer bienveillants envers ce pays comme ils le font dans le présent et à travailler au développement économique de la contrée. Ils n'avaient qu'à se mettre d'accord pour l'avenir, sur la part qu'ils entendaient se réserver dans l'œuvre de la mise en exploitation des ressources du sol persan. Tout est à créer en ce pays : les moyens de transport comme l'industrie. Les chemins de fer et les routes sont à construire; les mines sont à exploiter. Celles-ci sont nombreuses, et l'on peut citer entre autres les mines de turquoises, de plomb, d'étain, de fer, de soufre, d'antimoine. Le pétrole est aussi largement représenté dans le sous-sol persan. Il en existe des gisements notamment dans le Mazanderan et le Turkestan. De même la houille, qui est aussi très répandue, mais que l'on ne sait pas suffisamment bien extraire, les Persans se contentant de creuser des puits d'une profondeur de 10 mètres, et s'arrêtant, dès que l'eau, arrivant à ce niveau, envahit la mine. Le charbon qu'ils se procurent ainsi venant de la surface du sol, est de qualité très médiocre. Des ingénieurs, procédant scientifiquement, décupleraient, dit-on, comme quantité et qualité la production indigène.

Que l'entente entre les deux puissances intéressées se bornât à définir le genre d'exploitation que chacune désirait de réserver ou qu'il fût procédé par elles à une délimitation de sphères d'influence économique dans la Perse, l'Angleterre ayant un droit de priorité pour la construction de routes dans le sud, et la Russie conservant un droit de priorité dans le nord, l'une et l'autre solution pouvaient intervenir sans que les intérêts de chacune fussent lésés. Aucun obstacle qui ne pût être surmonté ne s'opposait à une coopération amicale des deux puissances intéressées au développement économique de la Perse. D'ailleurs bien des situations économiques certainement aussi délicates que la position respective de la Russie et de l'Angleterre dans le bassin Persique ont été dénouées au cours de ces dernières années grâce à la bonne volonté et à l'esprit de concessions mutuelles des nations. Le XIXᵉ siècle, à son déclin, a été l'ère des compromis coloniaux, et l'on ne voyait pas pourquoi un compromis ne serait par intervenu en la circonstance actuelle.

En ces derniers temps, grâce aux résultats de la marche envahissante de l'Angleterre et de la Russie en Asie Centrale et aux progrès de leur situation politique et économique respectives dans les pays à proximité de l'Inde, le champ d'influences entre elles s'était beaucoup rétréci. L'Afghanistan, le Thibet et le golfe Persique, où l'Angleterre avait acquis une situation privilégiée, étant hors de cause, le litige ne pouvait porter sérieusement que sur la Perse Continentale. Et même, dans ce pays dont la Russie et l'Angleterre avaient déclaré à diverses reprises vouloir maintenir l'intégrité territoriale, la lutte se trouvait bornée au domaine économique. Somme toute, et quoiqu'on en ait dit souvent, il n'existait, tous comptes faits et toutes considérations pesées, aucune opposition radicale entre les intérêts de l'Angleterre et de la Russie; mais c'est ici le lieu de se demander si ces deux puissances avaient avantage à conclure une entente qui réglât leur situation respective sur le plateau de l'Iran et le long de la frontière du Turkestan et de l'Inde, au Thibet et en Afghanistan.

On concevra sans peine que la marche de la Russie et de l'Angleterre au-devant l'une de l'autre en Asie Centrale jusqu'à ce qu'elles se rencontrassent sur les bords de l'Oxus n'ait pas été sans créer un sentiment de malaise et de méfiance entre Londres et Saint-Pétersbourg. Les Anglais surtout étaient hantés par la perspective d'une attaque possible de leur frontière Nord-Ouest, et par le spectre des troupes cosaques débouchant dans la haute vallée de l'Indus. A certains moments, ce malaise avait provoqué un état de tension d'où aurait pu sortir un conflit entre « l'Ours et la Baleine ». On avait été à deux doigts de la guerre en 1884, lors de l'attaque des avants-postes près de Pendjeh par le général Komaroff. La prudence et la sagesse des deux gouvernements avaient alors arrangé les choses, et fort heureusement pour eux. On peut en effet se demander si les avantages qu'eût retirés le vainqueur eussent valu les risques de la lutte. En supposant l'écrasement total de son adversaire, l'Angleterre ne pouvait guère ajouter à son empire anglo-indien que les steppes et les quelques oasis du Turkestan russe, contrées lointaines et dont l'administration aurait été plutôt onéreuse! D'autre part, quel surcroît de forces auraient apporté à la Russie des conquêtes dans l'Inde? Laissés libres de leurs destinées, les Hindous seraient tombés dans l'anarchie. Incorporée à la Russie, l'Inde aurait été plutôt un élément de dissolution de l'Empire russe. Quelle force de cohésion aurait eu un État démesuré, qui se serait étendu des mers polaires aux environs de l'Équateur, englobant toutes sortes de populations et de civilisations disparates, et ayant son centre de gravité non plus à Saint-Pétersbourg, mais à Calcutta? Et pour obtenir pareil résultat, il aurait fallu soutenir une lutte qui aurait embrasé l'Europe et l'Asie et épuisé les forces du vainqueur comme celles du vaincu. C'est pourquoi, sans doute, le gouvernement russe s'est toujours défendu d'avoir des visées sur l'Inde et a fait des déclarations en ce sens chaque fois que l'occasion s'en est présentée. Et c'est aussi la raison pour laquelle, lorsqu'on croyait les deux adversaires sur le point d'en venir aux mains, on voyait tout se terminer par des arrangements amicaux et de nouveaux accords. Les circonstances critiques par lesquelles sont passées les relations anglo-russes en Asie Centrale ont presque toujours été provoquées par des agents locaux subalternes, atteints de cette *furor consularis* qu'on retrouve chez bon nombre de fonctionnaires dans les terres lointaines, et dont le gouvernement central est obligé de refréner le zèle intempestif. Les diplomates de Saint-Pétersbourg, qu'on a souvent accusés d'ambition démesurée, ont fait preuve au contraire, au cours du xixᵉ siècle, d'une constante modération. Ils ont consenti à respecter et à maintenir l'intégrité territoriale de la Perse, ont laissé annexer le Béloutchistan, ont reconnu l'influence anglaise en Afghanistan, ont laissé l'Empire anglo-indien s'étendre au-delà du Kouen-loun et n'ont pas protesté contre le récent traité anglo-thibétain.

Toutefois, malgré l'intérêt évident qu'il y avait pour eux à éviter un conflit armé, la situation, en l'absence de tout règlement général et définitif des questions pendantes, n'en restait pas moins imprécise aux frontières de l'Iran, du Thibet et de l'Afghanistan. Des heurts, des froissements, des collisions locales étaient à craindre; des incidents comme celui du général Komaroff pouvaient à tout instant surgir. L'anxiété subsistait dans les esprits, la confiance réciproque ne pouvait que difficilement exister entre les deux gouvernements, et ce manque de quiétude avait pour eux de graves inconvénients : il paralysait leur action diplomatique en Europe et les obligeait à entretenir de gros effectifs dans leurs territoires d'Asie. Soit sur le terrain diplomatique, soit sur le terrain militaire, les deux nations étaient gênées dans leur liberté d'action. C'est ainsi que la Russie avait dû, pendant la guerre russo-japonaise, retenir en Transcaucasie et dans la Transcaspienne des armées qui auraient été à leur vraie place dans les plaines de Mandchourie. D'autre part, le gouvernement anglo-indien, malgré

les résultats de la guerre russo-japonaise et la conclusion du traité anglo-japonais du 12 août, s'était
vu obligé d'élaborer un nouveau plan d'organisation et d'entraînement de l'armée des Indes. Le
résultat devait en être d'augmenter les forces
réparties sur la frontière du Nord-Ouest, sur
l'Indus et à la frontière du Béloutchistan, et de
rendre plus rapide la concentration sur ces points
de toutes les forces anglo-indiennes.

CHAPITRE XXII

Le traité anglo-russe et sa signification.

Du moment que l'expansion russe n'avait pas
pour but nécessaire et défini la conquête de l'Inde,
pas plus que la sécurité de l'Inde ne commandait
la conquête du Turkestan russe, et, puisque leurs
intérêts n'étaient pas tellement opposés que les
deux États ne pussent vivre l'un à côté de l'autre
au pied de l'Hindou-Kouch, il y avait lieu de se
demander s'il n'était pas possible, autant qu'il était
désirable, d'arriver entre Russes et Anglais à une
entente. Beaucoup avaient fini par se déclarer en
faveur de cette solution : elle comptait aussi en
France de chauds partisans.

Les uns et les autres se disaient, non sans raison,
que des difficultés aussi délicates, à coup sûr, que
celles qui mettaient en opposition la Russie et
l'Angleterre en Asie, avaient été dénouées au
cours de ces dernières années, grâce à une bonne

volonté et un esprit de concessions réciproques. Pourquoi un compromis du même genre n'interviendrait-il pas de même entre Londres et Saint-Pétersbourg? Le rôle économique à jouer par les deux puissances en Perse était, il est vrai, la grosse difficulté du problème; mais, puisque aucun obstacle insurmontable ne s'opposait à une coopération amicale, pourquoi les deux États intéressés n'arriveraient-ils pas à définir le genre d'exploitation que chacun désirait se réserver, ou pourquoi ne serait-il pas procédé par eux à une délimitation de leurs sphères d'influence économique en territoire persan? D'ailleurs, le temps qui est, comme on sait, un grand maître, travaillait lui-même dans ce sens et orientait les relations anglo-russes vers la conciliation. L'idée d'une entente ne provoquait plus, au delà de la Manche, et sur les bords de la Néva, les mêmes protestations qu'autrefois. Et, dès avant la guerre russo-japonaise, sous l'impression de la détente produite, des pourparlers étaient engagés entre les deux gouvernements sur les questions d'Asie Centrale. La guerre les interrompit, il est vrai. Mais aussitôt qu'elle fut terminée, le gouvernement anglais jugea le moment opportun pour reprendre la conversation sur ce sujet.

En même temps qu'était signé le traité anglo-japonais du 30 août 1905, lord Lansdowne adressait à sir Charles Hardinge une lettre imprimée et rendue publique en même temps que le traité, et dans laquelle il s'attachait à dissiper les inquiétudes de ceux qui, parmi les Russes, voyaient dans cette alliance une menace et déclaraient que c'en était fait de l'entente escomptée entre l'Angleterre et la Russie. Cette invitation fut comprise à Saint-Pétersbourg. Quelque temps après, à Algésiras, dans l'intervalle des séances de la Conférence, une conversation que favorisaient discrètement nos plénipotentiaires s'engageait entre les représentants de l'Angleterre et de la Russie, sir Arthur Nicholson, sir Donald Mackenzie Wallace et le comte Cassini. Continuées à Saint-Pétersbourg et à Londres, ces négociations ont, après une durée d'un an, abouti à la convention du 30 août 1907 qui a réglé les futures relations anglo-russes en Perse, en Afghanistan, au Thibet, et dans le golfe Persique, c'est-à-dire dans tous les pays limitrophes de l'Inde et des possessions russes en Asie. La convention vise la Perse, l'Afghanistan et le Thibet et une lettre annexée de sir Edwar Gray à sir Arthur Nicholson, ambassadeur de Russie, est relative au golfe Persique.

Le préambule de la convention expose le sincère désir de l'empereur Nicolas et du roi Édouard de régler à l'amiable les diverses questions qui touchent aux intérêts de leurs États sur le continent asiatique, et de conclure en conséquence des accords destinés à écarter toute cause de malentendus entre la Russie et la Grande-Bretagne dans ces questions.

En ce qui concerne la Perse, les deux puissances s'engagent à en respecter l'indépendance et l'intégrité. Désirant maintenir l'ordre dans le pays et assurer son développement pacifique sur la base du régime de la porte libre ; considérant que les deux puissances ont chacune, pour des raisons géographiques et économiques, un intérêt spécial au maintien de la paix dans certaines provinces persanes, voisines de la frontière russe d'une part, de la frontière de l'Afghanistan et du Béloutchistan de l'autre, les deux parties contractantes décident, pour ce qui est de la Grande-Bretagne, qu'elle n'appuierait pas pour elle-même et n'appuiera pas, au profit de sujets britanniques ou de sujets d'une tierce puissance, des demandes de concessions politiques ou commerciales (chemins de fer, banques, télégraphes, routes, transports, assurances), au Nord d'une ligne reliant Kasri-Chirin, Ispahan, Yezd, Khaki, et aboutissant à la jonction des frontières de la Perse, de la Russie et de l'Afghanistan, et qu'elle ne s'opposera pas aux demandes de concessions faites dans cette région avec l'appui du gouvernement russe. La Russie fournit un engagement correspondant en ce qui concerne la région au Sud d'une ligne s'étendant de la frontière afghane à Ghazik, Biredjan, Kerman et Bender-Abbas. Entre ces deux régions ainsi réservées à l'influence anglaise et à l'influence russe, une troisième zone reste neutre, où la Russie et la Grande-

Bretagne s'engagent à ne pas s'opposer, sans entente préalable, à l'octroi de concessions à leurs sujets. Des articles spéciaux sont réservés à l'affectation du revenu des douanes au service des emprunts, et à l'organisation d'un contrôle des garanties financières affectées aux emprunts si le besoin s'en fait sentir : ces mesures doivent être prises d'un commun accord.

En Afghanistan, la question de l'influence anglaise est réglée par cinq articles qui portent en substance que l'Angleterre n'a pas l'intention d'y modifier la situation politique, qu'elle n'y exercera son influence que dans une direction pacifique, qu'elle n'y prendra pas et n'engagera pas l'Afghanistan à y prendre des mesures contre la Russie. De son côté, le gouvernement russe reconnaît l'Afghanistan comme hors de sa sphère d'influence et consent à se servir de l'intermédiaire du gouvernement britannique dans toutes ses relations politiques avec lui. Il reconnaît le traité anglo-afghan de 1905 et s'interdit d'envoyer les agents dans le pays ou d'intervenir dans son administration. Seules, des questions locales intéressant le voisinage de la Russie et de l'Afghanistan pourront être réglées par des fonctionnaires des deux pays. Le principe de l'égalité commerciale est proclamé. La Russie et l'Angleterre s'entendront pour envoyer, si elles le jugent nécessaire, des agents commerciaux en territoire afghan.

Pour ce qui est du Thibet, l'Angleterre et la Russie reconnaissent sur lui les droits suzerains de la Chine; elles s'engagent à respecter son intégrité territoriale, à s'abstenir de toute ingérence dans son administration intérieure, et à ne traiter avec lui que par l'entremise du gouvernement chinois. Toutefois, il ne pourra être mis obstacle aux relations directes des agents commerciaux anglais avec les autorités thibétaines prévues par la convention Younghusband de 1904 et par la convention anglo-chinoise de 1906. Les sujets bouddhistes anglais et russes pourront entretenir des relations religieuses avec les chefs bouddhistes du Thibet; mais les gouvernements anglais et russe ne toiéreront pas que ces relations puissent créer des antagonismes. Ils n'enverront ni l'un ni l'autre de représentants à Lhassa, et ne chercheront à obtenir, soit pour leur propre compte, soit pour celui de leurs sujets, aucune concession de chemins de fer, routes, télégraphes et mines, ou d'autres droits au Thibet. Ils veilleront enfin à ce qu'aucune partie des revenus du pays ne puisse être engagée tant à la Grande-Bretagne et à la Russie qu'à leurs sujets.

Enfin, pour le golfe Persique, il est spécifié, dans la lettre de sir Edward Grey à sir Arthur Nicholson annexée à la convention, que le gouvernement russe, au cours des négociations qui ont préparé et amené la conclusion de cet arrangement, a déclaré explicitement qu'il ne niait pas les intérêts spéciaux de la Grande-Bretagne dans le golfe Persique. Le gouvernement britannique a formellement pris note de cette déclaration, estimant qu'il est désirable de confirmer à nouveau, d'une façon générale, les déclarations antérieures relatives aux intérêts britanniques dans le golfe Persique et d'affirmer une fois de plus l'importance qu'il y a à maintenir ces intérêts, qui sont le résultat de l'action britannique dans ces eaux depuis plus de cent ans.

Au point de vue de la nature des relations futures anglo-russes et de la répartition des zones d'influence en Asie Centrale, la valeur et la signification du traité ressortent des données que nous avons exposées précédemment sur la situation territoriale et économique acquise, et sur les déclarations et engagements antérieurs des deux gouvernements. Les clauses qu'il contient doivent être rapprochées des faits principaux de l'histoire de la rivalité de l'Angleterre et de la Russie en Asie.

Tout d'abord, les premières réflexions que le traité du 30 août inspire, en ce qui touche le Thibet et l'Afghanistan, c'est que les parties contractantes se sont mises d'accord pour maintenir les deux pays fermés aux étrangers, régime d'autant plus facile à appliquer qu'il répond aux habitudes et aux désirs aussi bien du gouvernement de Lhassa que de celui de Caboul. Toutefois, si la Russie stipule que l'Angleterre ne pourra porter aucune atteinte à l'indépendance administrative et à l'intégrité territoriale de l'Afghanistan, elle reconnaît l'existence d'une sorte de protectorat diplomatique anglais sur ce pays, puisqu'elle s'engage à ne communiquer avec lui que par l'intermédiaire du gouvernement britannique. Au Thibet, au contraire, les deux parties contractantes se mettent exactement sur le même pied. Elles s'effacent toutes deux devant le protectorat chinois, renoncent à entretenir des agents à Lhassa, déclarent même qu'elles ne demanderont aucune concession d'aucune espèce pour leurs nationaux. Il est à remarquer d'ailleurs que ces stipulations de la convention anglo-russe n'abrogent en rien l'article 9 de la convention anglo-thibétaine dont nous avons parlé précédemment et par lequel l'Angleterre s'arroge le droit d'interdire au gouvernement thibétain d'accorder sur son territoire une concession quelconque à une puissance étrangère sans avoir obtenu au préalable l'assentiment du gouvernement de l'Inde : ce qui enlève au Thibet son indépendance économique.

L'Afghanistan et le Thibet continueront donc, de par le traité du 30 août, à mener une vie recluse. Il n'en pouvait être de même pour la Perse, pénétrée déjà par le commerce anglais et le commerce russe, et où des banques anglaises et russes, soutenues par la politique de leur pays, se faisaient concurrence et entretenaient une rivalité active, complexe, comme l'est une vie déjà assez développée. La Russie et l'Angleterre divisent la Perse en deux zones d'influence, l'une russe et l'autre anglaise séparées par une zone neutre, y assurent par des stipulations particulières les garanties des Banques dont elles ont suscité la création, et y prévoient l'établissement d'un condominium financier.

D'aucuns auront remarqué qu'en consacrant la fermeture du Thibet, et en s'interdisant tout empiètement territorial et administratif en Afghanistan, l'Angleterre semble perdre une partie du terrain que les armes, la politique et les traités antérieurs lui avaient assuré. Au Thibet, elle renonce à la prépondérance exclusive qu'elle tenait du traité Younghusband, et abandonne le plan de lord Curzon. En Afghanistan, qui avait été reconnu maintes fois par la diplomatie russe comme étant dans la zone d'influence anglaise, et cela sans réserves d'aucune sorte, l'Angleterre se laisse imposer désormais de nombreuses restrictions à son action. Elle s'interdit vis-à-vis de la Russie d'annexer des territoires afghans et de s'immiscer dans les affaires intérieures du pays. De plus, l'Afghanistan devient vis-à-vis d'elle, d'un État allié qu'il était précédemment, et pouvant coopérer d'une manière active à toute action offensive contre la Russie, une sorte d'État neutralisé en quelque sorte au point de vue militaire et ne pouvant être utilisé comme front d'attaque contre le Turkestan russe. En Perse, la délimitation des sphères d'influence donne à la Russie la part du lion. La zone d'influence russe est de beaucoup la plus étendue : elle comprend à peu près toute la Perse Septentrionale, et elle contient les parties les plus riches du pays : l'Aderbaïdjan et le Khorassan notamment, avec le siège du gouvernement, Téhéran, et les villes les plus importantes : Tauris, Ispahan, Yedz, Recht, Mesched. On est étonné au contraire du peu d'étendue de la zone d'influence anglaise qui ne comprend que l'angle Sud-Est du territoire persan, d'une étendue deux fois moins considérable que celle de la zone d'influence russe. On s'attendait à autre chose après l'attitude prise par la politique britannique pendant ces dernières années, et lorsqu'on annonçait le cloisonnement de la Perse en sphères d'influence, on se représentait volontiers la ligne de démarcation comme coupant toute la largeur du pays, et comprenant tout le Sud de la Perse dans la zone anglaise. En outre, la faible étendue de pays réservée à l'Angleterre, consiste surtout en ce que lord Salisbury aurait appelé des terres légères. Le désert de Lout, où l'armée d'Alexandre le Grand faillit périr de privations, en compose la majeure partie.

Mais à ces concessions de l'Angleterre correspondent des concessions parallèles de la part de la Russie. Celle-ci admet la Grande-Bretagne sur le même pied qu'elle pour la surveillance des affaires persanes; elle lui reconnaît des intérêts spéciaux dans le golfe Persique. Ces deux concessions compensent ce que l'Angleterre a pu céder d'autre part. En faisant prêter par la Banque russe des Prêts, devenue la Banque d'Escompte de Perse, cinquante-quatre millions de roubles au shah Mouzaffer-ed-Dine et en se faisant reconnaître en garantie de ce prêt toutes sortes de privilèges et de monopoles, la Russie était devenue toute-puissante à la cour de Téhéran. Elle avait obtenu le monopole des emprunts persans. Elle détenait directement, ou par des agents belges, le contrôle des Finances et des Douanes, et avait su se faire charger de réorganiser l'armée. Elle avait imposé un tarif douanier très favorable à son commerce, et s'était réservé la construction de toutes les voies ferrées. En vain l'Angleterre avait-elle essayé de lutter en s'appuyant sur les institutions qu'elle possède en Perse, comme la Banque impériale persane et le télégraphe indo-européen de Téhéran à la mer des Indes. En vain était-elle arrivée à saper les bases de la politique russe qui s'appuyait sur l'autocratie du shah, en contribuant à déterminer le mouvement qui a abouti à l'octroi d'une constitution et du régime parlementaire. L'avance prise par la Russie était trop grande. D'autre part, la situation prépondérante de fait, acquise depuis plus de cent ans par l'Angleterre dans le golfe Persique, n'avait jamais été reconnue diplomatiquement par la Russie, qui, en ces derniers temps, avait même essayé de contrecarrer l'influence anglaise en établissant une ligne de paquebots d'Odessa au golfe Persique. Or, aujourd'hui, la Russie renonce à toute action politique à Téhéran. Elle reconnaît le principe de l'égalité commerciale, de l'égalité du contrôle à exercer sur les finances persanes, et prévoit l'éventualité d'un condominium russo-anglais. Son expansion économique est limitée à une zone, fort riche évidemment, mais qui ne comprend que les provinces du Nord et du Nord-Ouest de l'Iran. Elle abandonne à l'Angleterre tout le Sud-Est de la Perse, et notamment le port de Bender-Abbas. En laissant ce port qui commande le détroit d'Ormuz et l'entrée du golfe Persique tomber dans la sphère britannique, la Russie s'interdit toute issue hors de ce golfe et renonce au rêve qu'on lui a si souvent prêté, d'avoir un accès vers la mer libre et les eaux chaudes. Et l'on comprend pourquoi, ayant laissé le port de Bender-Abbas à l'Angleterre, la Russie ait reconnu les intérêts spéciaux de son ancienne rivale dans le golfe Persique. La renonciation par la Russie à l'exercice de toute action politique dans les eaux du golfe n'est que la conséquence logique de l'abandon de Bender-Abbas. Quel intérêt majeur avait-elle à disputer à l'Angleterre la prépondérance dans le golfe, du moment qu'elle s'interdisait tout débouché hors de ses eaux?

En revanche, maîtresse du détroit d'Ormuz, l'Angleterre détient le contrôle de tout le commerce du golfe Persique et de la mer d'Oman, et par la reconnaissance de ses droits spéciaux dans le golfe Persique, la voilà libre d'exercer son action sur les deux rives que baignent ses eaux, la rive persane et la rive persique, et celle-ci s'étendant jusqu'à l'Euphrate, c'est jusqu'à l'embouchure de ce fleuve qu'elle exercera, de par les traités, cette action. L'Inde doit avoir pour frontière l'Euphrate, disait dernièrement lord Curzon; et l'on doit reconnaître que si cet homme d'État a échoué en partie dans l'application de son programme pour les affaires thibétaines, il a réussi en ce qui concerne le golfe Persique.

D'une manière générale et pour résumer la situation, on peut avancer que l'égalité de traitement consentie par la Russie en faveur de l'Angleterre à Téhéran compense la mise sur un pied d'égalité consentie par l'Angleterre en faveur de la Russie à Lhassa, et que la reconnaissance de la suprématie britannique dans le golfe Persique est la contrepartie des restrictions acceptées par l'Angleterre à son action en Afghanistan.

Enfin, pour ce qui est des zones d'influence russe et anglaise, les limites qui leur sont assignées font le juste départ des progrès respectifs réalisés sur le terrain économique par ces deux puissances en territoire persan. Cette délimitation n'a pas été en effet arbitrairement faite, comme dans le cas d'autres délimitations où l'on a d'abord tracé des lignes de démarcation sur le papier. Elle a été très savamment élaborée avec les rapports minutieux des agents anglais et russes et en pleine connaissance des lieux et des intérêts en présence. La zone de la Perse dévolue à l'influence russe était depuis longtemps dans la dépendance économique de la Russie. Les routes vers la frontière russe étant meilleures, les muletiers persans délaissaient les voies du Sud et prenaient le chemin de Batoum considéré comme moins cher. La lutte de l'Angleterre contre le commerce russe dans cette région était donc inégale. Elle y a définitivement renoncé.

D'autre part, l'accord anglo-russe, qui ne modifie guère la situation économique de la Russie dans le Nord de la Perse, n'est pas de nature à modifier non plus la situation de l'Angleterre dans la région qui lui est réservée, et où elle est la maîtresse incontestée du commerce. En dehors de Bender-Abbas que ne visitent guère que des navires anglais, la ville de Kerman, placée également dans la sphère d'influence anglaise, est depuis longtemps un foyer d'expansion commerciale pour l'Inde. C'est Kerman qui fut choisi comme centre de rayonnement par la mission envoyée de l'Inde par les Chambres de commerce de Bombay et du Bengale en 1904, mission qui, sous la direction de M. Newcomen, passa près de huit mois dans la Perse Méridionale. Elle avait pour but d'examiner les relations commerciales entre l'Inde et la Perse, et comprenait plusieurs ingénieurs qui firent de nombreux relevés topographiques, au point qu'un fonctionnaire persan déclara à l'époque que cette soi-disant mission commerciale était « la petite sœur de l'expédition du Thibet ». En même temps, le Seïstan, qui est la partie la plus fertile de cette zone, a été explorée par la mission Mac-Mahon. Une route commerciale a été ouverte par les Anglais dans cette direction, et on parle de commencer la construction d'un chemin de fer qui irait de Bender-Abbas à Kerman et au Seïstan par Minab, Regam et Bam, en contournant les montagnes du Djebel-Basiz.

Mais on n'aurait qu'une idée imparfaite et superficielle de la convention anglo-russe, si on s'en tenait à son texte, et si l'on se bornait à rechercher quel est des deux signataires celui qui a pris le plus en laissant le moins à l'autre. Pour bien en apprécier la signification, il faut encore se demander si elle répond à la conception politique qui l'a inspirée.

Pour assurer la sécurité de la frontière de l'Inde, les Anglais ont eu recours, depuis le début du XIXe siècle, à deux méthodes : l'une voit dans la force et la conquête des pays limitrophes la consolidation de l'empire britannique; l'autre estime que la meilleure condition de stabilité de cet empire doit reposer sur la garantie d'arrangements internationaux et sur la reconnaissance et l'affection des indigènes pour les services rendus. La première, qu'on a appelée méthode impériale ou Impérialisme, est une politique agressive, conquérante et faite de compression à l'intérieur; la seconde, une politique d'alliances et d'amitiés, humanitaire et économique. C'est sous l'influence de l'Impérialisme, parvenu à son apogée sous lord Beaconsfield, que les frontières de l'Inde furent portées des rives de l'Indus à la crête de l'Hindou-Kouch au Nord, et à la chaîne occidentale des monts Souleïman à l'Ouest; que le Cafiristan et l'Afghanistan anglais furent annexés; que l'Inde atteignit « ses limites scientifiques ». Puis, ses limites ne paraissant plus suffire, l'Angleterre voulut dominer le revers septentrional des montagnes qui bordent l'Inde et elle fit graviter dans l'orbite de l'empire anglo-indien le Béloutchistan, l'Afghanistan, le Cachemire, le golfe Persique. Elle a même songé à y faire graviter le Thibet et la Perse. C'est cette politique qui, ayant pour objet de la rendre assez forte pour la rendre indifférente à l'amitié ou à l'inimitié des puissances continentales, lui a fait dédaigner tout traité d'alliance, et l'a confinée dans son « splendide isolement ».

Mais on a fini par se dire, à Londres, que, pour insatiable que soit la politique de conquêtes, il y a limite à tout. Même en expansion coloniale, on ne peut pas toujours annexer. D'ailleurs depuis lord

Beaconsfied, la situation internationale de l'Angleterre a changé. Bien qu'elle reste la plus grande puissance navale, ses navires ont cessé d'être plus nombreux que tous les autres sur la surface des mers. L'Angleterre ne peut qu'au prix de difficultés et de dépenses considérables accroître assez ses constructions navales pour résister aux flottes réunies de plusieurs puissances coalisées. Le temps est passé aussi où, les grandes armées du service militaire et obligatoire n'existant pas encore, il suffisait de jeter 50 000 soldats anglais dans la balance pour la faire pencher.

D'autre part, des problèmes nouveaux se posent : en Asie, c'est l'accession du Japon au rang des grandes puissances; c'est la rénovation de la Chine, en face desquelles les puissances européennes qui ont des possessions en Asie ont tout avantage à adopter une ligne de conduite politique conforme à leur intérêt commun. En Europe, des événements peuvent aussi se produire et des éventualités surgir qui ne se termineront par une solution conforme à l'intérêt général que par une entente et par la coopération amicale de toutes les puissances intéressées à ce que l'équilibre actuel ne soit pas troublé à leur détriment. Si l'Angleterre ne veut pas se désintéresser des dissensions européennes, des alliances ou des ententes avec d'autres puissances lui deviennent nécessaires, et elle doit améliorer avant tout sa situation internationale.

C'est cette ligne de conduite sage et pratique qui, en ces derniers temps, a prévalu. L'Angleterre a compris que le meilleur moyen d'assurer la sécurité de la frontière Nord de l'Inde était d'entourer ce pays d'une ceinture d'États alliés ou amis, de pays à sphères d'influence ou à protectorats diplomatiques et que, pour lui faciliter le rôle d'arbitre dans les litiges européens, il fallait avant tout créer des liens d'amitié qui seraient d'un utile concours au cas où des complications internationales se produiraient.

En ce qui concerne la défense extérieure de l'Inde qui, seule, doit nous intéresser ici, il n'y a qu'à se rappeler les déclarations par lesquelles lord Curzon, le 30 mars 1904, définissait la politique du gouvernement anglo-indien, et à les rapprocher des stipulations du dernier traité anglo-russe, pour juger si les visées actuelles de la diplomatie britannique ont été suffisamment remplies. Le souci de confier les approches de l'Inde, conformément à ce qu'exposait lord Curzon, à des mains d'amis et d'alliés, ou de soustraire à toute influence étrangère les pays à proximité de l'Inde, est partout visible dans le traité du 30 août 1907. Que recherchaient surtout les Anglais au Thibet? A interdire toute immixtion étrangère dans les affaires intérieures de ce pays, et c'est ce qu'ils avaient déjà forcé le gouvernement thibétain à accepter. Par l'accord anglo-russe, la Russie adhère également à cette politique. Sans doute, par le même accord, les Anglais s'interdisent une semblable immixtion; ils se ferment la porte à eux-mêmes; mais ils la ferment aussi aux autres, et le but est atteint. N'oublions pas d'ailleurs que par l'article 9 du traité anglo-thibétain, ils interdisent au gouvernement de Lhassa d'accorder, sans leur consentement, une concession quelconque, à n'importe quelle puissance étrangère. Désormais, la frontière septentrionale de l'Inde est couverte par l'État ermite, qui va retomber dans l'inertie de sa vie monacale.

La même évolution de la diplomatie anglaise a eu lieu pour l'Afghanistan. Elle ne cherchait pas à incorporer ce pays à l'Inde, ni à faire de l'émir un allié offensif contre la Russie, pas plus qu'à se servir du pays afghan comme d'une base d'opérations contre le Turkestan russe. Elle désirait seulement que l'émir et ses forces pussent coopérer à la défense de l'Inde. Telle est l'idée maîtresse du plan de lord Kitchener qui lie la défense de l'Inde à celle de l'Afghanistan. En déclarant, par le traité anglorusse, qu'ils n'ont pas l'intention de modifier la situation politique en ce pays et qu'ils n'y exerceront leur influence que dans une direction pacifique, les Anglais ne vont donc pas contre leur politique antérieure, mais ils obtiennent que la Russie s'incline à nouveau devant le fait accompli et qu'elle reconnaisse à la Grande-Bretagne le monopole de toute action politique en Afghanistan, placé désormais sous le régime d'un protectorat diplomatique. Quant à la Perse, la manière dont l'Angleterre a découpé sa sphère d'influence étend vers le Sud-Ouest cette série de terres interdites, de protectorats négatifs et de zones réservées à l'activité britannique qui, depuis le Yang-tsé jusqu'à la mer d'Oman, enceint et couvre de loin les Indes. Si la zone qui lui est reconnue est relativement peu étendue, elle a du moins le mérite de comprendre le Séïstan dont nous avons signalé plus haut l'importance. Et en effet, le vrai danger qui pouvait venir de la Russie était que l'influence russe ne réussît à s'établir peu à peu à travers le Séïstan jusqu'à la frontière de l'Inde, et qu'un chemin de fer stratégique, côtoyant le territoire et aboutissant à l'océan Indien, ne tournât le flanc de la grande position défensive sur la frontière du Nord-Ouest. Avoir obtenu de la Russie qu'elle renonçât à toute ingérence dans cette région, et reconnût son importance dominante pour l'Angleterre, n'est pas une compensation médiocre à la renonciation faite par cette dernière à des demandes de droits égaux dans les régions du Nord du territoire persan.

C'est à des préoccupations de ce genre que répond encore la création de la zone neutre établie en Perse entre la zone d'influence russe et la zone d'influence anglaise. Cette zone neutre vient renforcer la zone d'influence anglaise et fait comme une deuxième zone tampon en avant de la frontière Ouest de l'Inde. Les demandes contradictoires sur lesquelles ont été établies, et l'esprit dans lequel ont été menées les négociations sur ce point n'ont pas été communiqués au public. Mais il n'est peut-être pas impossible de s'en faire quelque idée. La Russie désirait avoir un chemin de fer qui pût, dans l'avenir, ouvrir un débouché aux marchandises de la province transcaspienne et de ses provinces méridionales d'Europe vers le golfe Persique. D'autre part, l'Angleterre désirait, pour l'avenir aussi, relier le réseau de l'Inde au réseau d'Anatolie et d'Europe. Les deux aspirations paraissaient au premier abord inconciliables. En effet, en construisant un chemin de fer du Caucase vers le golfe Persique dans la direction du Nord au Sud, la Russie coupait la voie au chemin de fer anglais allant de la frontière de l'Inde à la frontière turco-persane à travers la Perse Méridionale dans la direction de l'Est à l'Ouest, et *vice versa*. Ces aspirations opposées ont été conciliées cependant. La création de la zone neutre laisse le champ libre à des arrangements futurs relatifs à des chemins de fer dans le contrôle desquels les deux puissances entreraient pour une part, et qui satisferaient leurs intérêts respectifs. Aujourd'hui où tant de choses sont à faire en Perse dans le domaine économique, le moment n'est pas jugé opportun pour la réalisation de ces projets, mais on a entendu réserver l'avenir.

La Russie a déjà obtenu de la Perse la concession du chemin de fer qu'elle désire vers le golfe Persique. L'Angleterre, qui a déjà poussé le réseau de l'Inde de Quetta à Nuschi à la frontière persane, et qui vient d'envoyer une mission au Séïstan et à Kerman pour étudier le pays au delà, a fait connaître ses intentions. Dans la zone neutre, l'une et l'autre conservent actuellement leurs positions et bénéficient de leurs concessions; c'est une formule souple et heureuse qu'elles ont adoptée en décidant que, pour leurs entreprises ultérieures, les nationaux des deux pays seraient libres de solliciter des concessions à l'octroi desquelles les deux gouvernements s'engagent à ne pas faire opposition sans entente préalable. Il se peut que la Russie et l'Angleterre aient déjà prévu quelles concessions seraient demandées : dans ces conditions, la zone neutre, loin d'être un champ de discorde, serait un terrain d'entente où les relations mutuelles seraient améliorées. De plus, elle lie dès maintenant par des intérêts communs l'Angleterre et la Russie contre les visées d'autres puissances qui pourraient tendre à dominer l'Anatolie.

Naturellement, la création de ces zones, qui est si avantageuse à la protection de l'Inde, assure dans une égale mesure à la Russie la sécurité de ses possessions en Asie Centrale. Elles sont désormais complètement séparées de l'Inde par ces zones diverses, et, si l'on observe la teneur du traité, ni le Thibet, ni l'Afghanistan, ni la Perse, ne pourront devenir le théâtre de préparatifs offensifs contre l'Asie russe. La Russie se trouve donc délivrée de toute inquiétude du côté de l'Inde. Et c'est ici qu'apparaît toute la sagesse de la convention. En empêchant les points de contact, elle écarte toutes occasions locales de conflit, et en stipulant des mesures de garantie dans les zones interposées, elle empêche de prendre toutes mesures militaires qui pourraient être interprétées comme preuves d'un état de tension, ou qui pourraient faire naître cet état. Par ces mesures préventives, elle assure l'avenir. La convention anglo-russe, c'est la paix de l'Asie.

Et c'est aussi une garantie de plus pour la paix de l'Europe. Après la guerre russo-japonaise, la Russie a dû se recueillir partout. Ses moyens d'action étaient provisoirement diminués : avant qu'ils fussent reconstitués, elle était tenue à une grande réserve. La convention anglo-russe aura comme premier résultat de lui permettre de diminuer ses gros effectifs du Turkestan et de la Transcaspienne et de les reporter plus à proximité de l'Europe. La politique d'extension en Extrême-Orient étant abandonnée, elle pourra ainsi ramener son attention plus près de chez elle. De son côté, la situation militaire de l'Angleterre se trouvera allégée dans l'Inde. Du même coup, elle pourra diminuer l'effectif de ses troupes dans l'Inde et consacrer toute son attention à la solution des problèmes que la situation intérieure de ce pays soulève actuellement. Enfin la sécurité assurée de de ses frontières indiennes lui donne une plus grande liberté d'action en Europe.

L'augmentation de sa puissance militaire et l'augmentation de celle de la Russie contribueront au maintien de la paix générale. Le nouvel anneau scellé dans la chaîne des ententes européennes n'est pas non plus inutile à l'intérêt français. Il fait cesser l'anomalie d'une France alliée d'une puissance et amie d'une autre, qui avaient toutes deux des intérêts opposés et contradictoires. Désormais, appuyée à la fois sur l'alliance de la Russie et sur l'amitié de l'Angleterre, dont les vieilles querelles sont liquidées, la France aura en Europe une autorité morale qui pourra lui épargner bien des crises : elle sera mieux à même de faire apprécier les sentiments pacifiques et amicaux qui l'animent et qu'elle désire voir devenir universels.

En outre, en se mettant d'accord, l'Angleterre et la Russie auront rendu un grand service au monde, non seulement en servant la cause de la paix, mais encore en aidant aux transactions internationales. La Perse est actuellement, en effet, un des pays les plus inabordables. Elle touche bien à deux mers, mais, à l'intérieur, les routes n'existent pas ou sont impraticables. Aussi est-elle isolée à peu près complètement au point de vue des communications internationales, et l'on a pu dire que tout l'espace compris entre Tauris et Bampour, entre Chouster et Méched disparaîtrait soudain, que le nombre des voyageurs entre l'Occident et l'Orient de l'Asie ne diminuerait pas d'un seul. Loin d'être l'intermédiaire des Indes et de l'Occident, la Perse est enfermée, pour ainsi dire, entre deux voies : au Nord, celle qu'ont ouverte les annexions russes à travers les steppes kirghises et turkmènes, et, au Sud, le chemin de la mer suivi par les paquebots côtiers. Le plateau de l'Iran est cependant le lieu de passage obligé des Indes en Europe par la voie terrestre. De la Perse Occidentale divergent les grandes voies se dirigeant vers l'Égypte, l'Europe Méridionale et la région du Nord. D'un côté, on peut descendre dans la vallée de l'Euphrate et par les côtés de Syrie pénétrer en Égypte; de l'autre, on voit s'ouvrir à l'ouest les routes de l'Asie Mineure ou de l'Europe, ou bien encore on peut prendre les chemins de la Transcaucasie communiquant avec les plaines sarmates par les « portes » du Caucase. Jadis, par cet isthme médique resserré entre le bassin de l'Euphrate et la Caspienne, s'accomplissaient les grandes migrations d'hommes et d'idées. Le mouvement qui emportait les peuples de races diverses à traverser le plateau de l'Iran s'est arrêté depuis des siècles, mais l'isolement actuel ne saurait durer. Avec la révolution économique qui raccourcit les distances, rapproche les peuples, rapetisse la planète, ce pays ne saurait rester bien longtemps à l'écart du progrès qui entraîne le monde. La Perse est tenue, sinon de redevenir la grande route aryenne, comme aux anciens âges, du moins de se rattacher au réseau de communications qui contournent son territoire, et tout permet de supposer que le jour n'est pas éloigné où ce rattachement aura lieu. Le prolongement du chemin de fer russe d'Érivan à Bouchire ou Bender-Abbas, et le prolongement de la ligne anglaise de Quettah vers l'Anatolie vont faire cesser cet isolement. La première ligne traverse la Perse du nord au sud, par Djoulfa et Schiraz, et en mettant le littoral persique en relation avec la région du Caucase, ouvre aux marchandises russes l'accès de l'Océan Indien; la seconde traverse la Perse de l'est à l'ouest et, en reliant Bagdad à Kurrachee et à Bombay, ouvre aux produits de l'Inde les marchés européens. Ainsi, par la construction de ces lignes de chemins de fer, l'intérêt de la Russie, qui est d'avoir un accès vers les mers chaudes, et l'intérêt de l'Angleterre, qui est de pouvoir écouler par voie terrestre les produits de l'Inde sur les marchés européens, recevront également satisfaction. L'ouverture de ces lignes ne sera point seulement avantageuse au commerce russe et au commerce anglais; elle fera du plateau de l'Iran le lieu de passage préféré des hommes d'Europe se rendant aux Indes, car par la Perse passe le chemin le plus direct qui va de Londres, de Vienne, de Paris, de Berlin, de Saint-Pétersbourg au golfe Persique et dans le bassin de l'Indus et du Gange, et c'est sur le territoire persan que se trouve le point de convergence et de concentration des lignes transcaucasienne, transcaspienne et transpersane qui mettront en communication, par une ligne de fer ininterrompue, l'Europe et l'Asie, et feront de la Perse le grand carrefour des nations.

CHAPITRE XXIII

Le règlement des questions de Mascate
et de Kowéït.

Mais, dans le règlement des questions se rattachant à l'hégémonie politique et économique du bassin persique, ce n'est point seulement sur la rive orientale du golfe Persique que l'Angleterre doit tenir compte des intérêts des tiers; elle ne peut non plus régler à elle seule et sans une entente préalable la question de la rive occidentale du golfe et de la région de l'Arabie y attenant. Si avancée que soit son œuvre de pénétration, elle ne peut y établir sa domination immédiate ou son protectorat officiel sans avoir égard aux droits qu'ont conservés ou aux intérêts qu'ont su créer et développer dans ces parages d'autres nations. A Mascate notamment, l'Angleterre n'est pas libre de restreindre la souveraineté externe du sultan sans le consentement de la France. La convention de 1862, par laquelle les deux pays s'engagent à respecter l'indépendance du sultan d'Oman et du sultan de Zanzibar, n'a pas été dénoncée; l'instrument diplomatique est toujours en vigueur. Un incident récent est venu montrer combien, sur le terrain du droit international, cette convention nous met en bonne posture. En 1899, un de nos agents ayant obtenu du sultan de l'Oman la cession à bail d'un dépôt de charbon à Bender-Isseh, localité située à cinq milles au sud du port de Mascate, lord Curzon, vice-roi des Indes, froissé de n'avoir pas été prévenu, crut devoir faire procéder à une démonstra·tion navale contre le sultan. Voulant rappeler à ce dernier les obligations découlant pour lui de l'accord de 1891, qui le placent dans la nécessité de ne rien aliéner de son territoire sans le consentement de l'Angleterre, et aussi la position subordonnée dans laquelle le met la subvention de 40 000 couronnes du gouvernement de l'Inde, il donna l'ordre à l'escadre britannique de l'océan Indien de venir s'embosser devant Mascate. Devant cette menace, le sultan d'Oman ne put que révoquer sa cession à bail, et dans un durbar solennel, il déclara à ses sujets faire acte d'obéissance aux injonctions du gouvernement de Calcutta. Mais l'initiative hardie de lord Curzon était peu soutenable, même au point de vue du droit et des accords consentis entre l'Angleterre et l'Oman en 1891, aux termes desquels le sultan de Mascate ne peut céder une portion de son territoire. La concession d'un établissement de charbon n'est pas, en effet, une cession de territoire. La Grande-Bretagne possède ainsi, sur une foule de points du globe, des stations de ce genre, et il est à croire qu'elle admet que leur occupation est compatible avec le respect de la souveraineté et de l'indépendance des États qui les lui ont concédées. Elle en possède même une à Mascate depuis nombre d'années. En nous accordant un dépôt de charbon, le sultan avait simplement accordé à la France un avantage analogue à celui qu'il avait concédé déjà à l'Angleterre, et il n'y avait dans notre conduite rien d'attentatoire aux droits de qui que ce pût être : c'est ce que fit remarquer à Londres notre ambassadeur, M. Cambon. Le cabinet de Saint-James dut se rendre à ces raisons et, le 4 mai 1899, le gouvernement anglais et le gouvernement français firent d'un commun accord une déclaration portant qu'à Mascate, ils se trouvaient dans une position égale, que par conséquent la France pouvait y établir un dépôt de charbon comme l'Angleterre l'avait fait avant elle. A la suite de cette déclaration, le gouvernement français a pu déposer des tonnes de charbon non à Bender-Isseh, mais en rade de Mascate, à côté du dépôt britannique, dans l'anse de Makalla.

Nous jouissons, dans l'Oman, au point de vue du droit international, d'une situation égale à celle de l'Angleterre. Sans avoir l'intention d'aller à l'encontre des intérêts, voire des droits que le Royaume-Uni a su se créer à Mascate et dans le golfe Persique, sans ignorer non plus que le voisinage d'un grand empire comme celui des Indes crée une sphère limitrophe où il est naturel et légitime que s'exerce la surveillance du gouvernement britannique, nous n'en maintenons pas moins la position que nous reconnaissent les traités, et le jour où l'indépendance de Mascate ferait place à un protectorat officiel du gouvernement britannique, nous serions fondés à réclamer une compensation en échange de l'abandon de nos droits.

D'autre part, plus au nord sur le littoral arabique, à Kowéït même, l'action de l'Angleterre a trouvé en face d'elle les résistances de la Porte. On sait que la Turquie prétend exercer un droit de suzeraineté sur la totalité de l'Arabie, tant sur les États du littoral, comme l'Oman et Kowéït que sur ceux de l'intérieur, comme le Nedjed. A Kowéït notamment, la suzeraineté de la Turquie aurait été accrue de ce fait que le chef de cet État a été nommé kaïmakan et a reçu l'investiture du sultan à la suite de la concession de palmeraies le long de l'Euphrate qui lui fut donnée en 1871. Mais les habitants de Kowéït, composés en grande partie d'émigrants qui ont fui les exactions turques ou persanes, ont toujours protesté, au cours du dernier siècle, contre les velléités de suzeraineté émises par la Porte et répètent volontiers « qu'ils

sont les habitants les plus libres de l'univers; »
leur cheïk prétend n'être soumis à aucun tribut, —
ce qui en Orient est le signe effectif de la suzeraineté, — et ne voir dans le sultan comme tant
d'autres princes et potentats musulmans que le
Commandeur des Croyants, le chef spirituel de
l'Islam. En se faisant l'allié et le client du gouvernement des Indes, il déclarait agir dans la pléni-
tude de ses droits et n'avoir pas besoin d'aller
prendre l'avis de Constantinople. Les relations de
suzeraineté et de vassalité entre la Porte et la petite
république étaient donc très vagues et imprécises,
et le gouvernement des Indes paraissait, jusqu'en
ces derniers temps, peu désireux de tirer cet état
de choses au clair et de dissiper l'équivoque, quand
des événements tout récents sont venus remettre
sur le tapis la question de la suzeraineté ottomane
en même temps qu'établir les positions respectives
de la Grande-Bretagne et de la Turquie à Kowéït.

Jusqu'en ces derniers temps, la République de
Kowéït avait fait preuve de sagesse. Cet État avait,
depuis sa fondation vers le milieu du xviiie siècle,
évité avec soin de se lancer dans de grandes entreprises, que d'ailleurs ses ressources et ses moyens
ne lui auraient pas permis de soutenir. Grâce à cette
prudente réserve, il avait réussi à vivre entre ses
trois puissants voisins, la Perse, la Turquie et le
royaume wahabite du Nedjed, sans se laisser
absorber par l'un d'eux. Mais le cheïk de Kowéït,

Moubarck, après être entré dans l'alliance de l'Angleterre, s'est senti de grandes ambitions et a osé s'attaquer, en 1901, au sultan du Nedjed, dont la domination, quoique aujourd'hui bien réduite, comprend encore une bonne partie de l'Arabie centrale. Ayant réuni autour de lui quelques chefs nedjéens mécontents, Moubarck, après avoir poussé une pointe audacieuse de 600 kilomètres dans l'intérieur, eut la satisfaction de voir El-Riad, ancienne capitale du Nedjed, lui ouvrir ses portes sans coup férir. Mais battu à Bréidat par le sultan du Nedjed, il perdit El-Riad et fut poursuivi jusque sous les murs de Kowéït.

Ce fut alors que la situation changea de face et qu'un véritable coup de théâtre se produisit. L' « Homme malade, » comme on se plaît à appeler le Turc, n'est pas encore moribond. On l'a bien vu lors de la guerre gréco-turque, et le sultan Abdul-Hamid, bien loin de laisser se détendre les liens qui rattachent les populations musulmanes à son empire, serait fort disposé au contraire à resserrer ces liens. L'existence de la République de Kowéït était une gêne et un obstacle au maintien de l'influence turque sur le littoral du golfe Persique, au midi du Chatt-el-Arab. Si l'on jette les yeux sur une carte du golfe Persique, on voit, en effet, que le territoire de Kowéït sépare la province turque de l'Hasa, de la province de Bassora et, s'interposant entre ces deux provinces ottomanes, interrompt la continuité de la domination turque sur la côte orientale d'Arabie. D'autre part, les avantages et les concessions accordés par le cheïk Moubarek à l'Angleterre avaient éveillé les inquiétudes à Constantinople. La position prise par cette dernière puissance à Kowéït constituait un danger grave et permanent pour le maintien de la suprématie politique du Sultan sur les tribus de l'Arabie Centrale, et la tentative récente de Moubarek était une révélation de ce danger. Aussi le sultan a-t-il vu, dans la guerre allumée entre le Sultan du Nedjed et le cheïk de Kowéït, et dans la défaite de ce dernier, une occasion, bonne à saisir, d'affirmer son autorité sur la petite république et de trancher à son profit la question litigieuse de la souveraineté de cet État. Des troupes furent en conséquence expédiées de Bassora à destination de Kowéït. En faisant entrer ses troupes dans la ville, le Sultan pouvait espérer jouir du bénéfice du premier occupant et se mettre en meilleure posture pour discuter le cas échéant, vis-à-vis de l'Angleterre, la question de la souveraineté de cet État.

Mais le gouvernement ottoman, en concevant et en voulant mettre à exécution ce beau projet, avait compté sans l'Angleterre qui se hâta d'intervenir. Ordre fut donné, par le gouvernement anglo-indien à la flottille britannique du golfe Persique de venir mouiller dans la baie de Kowéït, et quand les bataillons turcs arrivèrent en vue de la ville, leur commandant fut avisé que, s'il ne se retirait pas, les Anglais proclameraient officiellement leur protectorat. En même temps, le consul général d'Angleterre à Bagdad signifiait, au nom du vice-roi de l'Inde, aux valis de Bagdad et de Bassora, l'arrangement conclu entre l'Office de l'Inde et le chéïk Moubarek, en vertu duquel ce dernier était assuré de la protection de l'Angleterre contre toute attaque de l'étranger et leur faisait savoir que si les troupes turques faisaient mine d'entrer à Kowéït, les Anglais occuperaient la ville. La Turquie n'ayant pas insisté, l'Angleterre ne déclara pas son protectorat sur cet État. D'un commun accord, le *statu quo* entre les deux gouvernements fut maintenu.

Mais le *statu quo* ne tranchait rien et l'avenir restait incertain. Il semble bien qu'une solution soit enfin survenue. Au cours de l'année 1902, la Turquie a occupé Sefouna, l'île Boubian, Khadenna, Gassir, puis l'extrémité du mouillage de Khor-Abdilla, et enfin Sabadyeh, à l'entrée même de la baie de Kowéït, c'est-à-dire tout le pays intermédiaire entre l'embouchure du Chatt-el-Arab et les environs de Kowéït. De son côté, le gouvernement anglais, par l'organe de M. Balfour, vient de déclarer au commencement de 1903 à la Chambre des communes que « le chef de Kowéït est le protégé de l'Angleterre et qu'il est lié avec elle par des traités spéciaux ». Ces paroles constituent la première déclaration officielle qui ait été faite du protectorat anglais sur Kowéït.

L'Angleterre a de bonnes raisons pour vouloir dominer sur ce point. L'importance de Kowéït, méconnue bien à tort par Lowett Cameron, apparaît aujourd'hui manifeste à tous les yeux. Il faut tout d'abord remarquer que Kowéït, au fond du golfe Persique, est à peu près à la même latitude que Port-Saïd au débouché du canal de Suez dans la Méditerranée. Un chemin de fer reliant à travers l'Arabie Centrale le golfe Persique et la Méditerranée ouvrirait une voie nouvelle qui, évitant au commerce le grand détour par la mer Rouge, serait la route la plus courte de l'Extrême-Orient et de l'Inde en Europe. De plus, l'ouverture de cette ligne mettrait aux mains de l'Angleterre un puissant instrument de domination sur l'Arabie. Installée à Port-Saïd et à Aden, prépondérante à Mascate et à Kowéït, maîtresse ainsi aux quatre coins de l'Arabie et dominant les rivages par sa flotte, l'Angleterre, par la construction de cette ligne, compléterait l'investissement de la grande presqu'île, qui pourrait alors tomber peut-être sans trop de peine entre ses mains.

De telles considérations ne sont pas sans avoir frappé l'attention d'esprits positifs. Signalée pour la première fois par Lowett Cameron, la possibilité de la construction de la ligne de chemin de fer Kowéït-Port-Saïd a été depuis l'objet d'études diverses. Aucun obstacle que ne puisse vaincre l'art de l'ingénieur ne s'oppose à sa construction; la route fut d'ailleurs fort fréquentée jadis et était suivie par les caravanes venant de l'Inde, aux temps de la splendeur d'Eden. Là où a passé le chameau passera la locomotive.

Mais pour le moment, la ligne de Kowéït-Port-Saïd n'est qu'à l'état de projet; du temps s'écoulera sans doute avant qu'elle soit ouverte. Il n'en est pas de même du chemin de fer qui doit relier le Bosphore à l'Euphrate et à l'embouchure du Chatt-el-Arab; il ne reste qu'à construire le prolongement de cette ligne de Konieh à Bassora, et un syndicat franco-allemand s'est constitué dans ce dessein. Or, cette voie ferrée, d'après les projets les plus récents, doit aboutir, en dernier lieu, à Kowéït, et c'est cette petite localité qui va être, dans quelques années, le port de transit entre l'Inde et l'Europe. Dans les mains des Anglais, Kowéït serait la clef de la voie nouvelle vers les Indes, comme Alexandrie et le Cap sont entre leurs mains les clefs des voies maritimes. Sans doute la localité même de Kowéït a le désavantage d'être trop à l'ouest du Chatt-el-Arab. Mais l'éloignement du Rhône ou du Pô n'a empêché ni Marseille, ni Venise, ni Trieste de prospérer. Et en ce qui concerne Kowéït, cette localité, quoique éloignée du Chatt-el-Arab, n'en a pas moins, même aujourd'hui, un commerce assez considérable. Il n'y a plus qu'à développer son trafic, et cette opération est certainement plus facile à accomplir que celle qui consisterait à créer de toutes pièces, plus près de l'embouchure du fleuve, une nouvelle cité marchande. D'ailleurs, même en ce cas, le possesseur de Kowéït ne serait nullement embarrassé. Il n'aurait qu'à choisir pour le substituer au port de Kowéït le mouillage merveilleusement situé à vingt kilomètres au nord-est de cette ville, le Khor Abdillah, qui a été signalé comme le vrai havre marin de l'Euphrate. Les Anglais, à qui ce dernier port aurait été cédé, dit-on, par Moubarek, n'auraient qu'à y faire les dépenses nécessaires pour y créer un port marchand et une station navale.

Le possesseur de Kowéït est donc le maître du point terminus des deux futures voies transcontinentales des Indes, celle qui va passer par la vallée de l'Euphrate et celle qui passera dans un avenir plus ou moins éloigné par le nord et le centre de l'Arabie. Il n'est nul besoin de faire ressortir l'intérêt qu'ont les maîtres de l'Inde à les dominer. Qu'il s'agisse de la ligne Konieh-Bassora ou de celle de Kowéït-Port-Saïd, ces deux voies ferrées établissent entre l'Europe et l'Asie Méridionale une communication plus directe et plus rapide que par le canal de Suez. Quand elles seront construites, l'Asie Mineure ne peut manquer de reprendre une importance de premier ordre. On sait en effet que le milieu précis de la figure irrégulière formée par les

trois continents d'Europe, d'Asie et d'Afrique n'est
point éloigné des plaines de Mésopotamie et qu'ainsi
le centre géographique de l'ancien monde se trouve
en Asie Occidentale. Cette position lui valut jadis
une part prépondérante dans l'œuvre de la civilisation, et si cette part a cessé d'être dominante
dans l'histoire, c'est parce que les principales routes
du commerce ont pris, depuis la découverte du cap
de Bonne-Espérance, la voie de l'Océan. Mais la
ligne droite reprendra toute sa valeur et la grande
route de l'Europe aux Indes repassera, grâce aux
chemins de fer, par la vallée de l'Euphrate. Ne
voit-on pas, même avant l'achèvement de ces
lignes, les symptômes précurseurs d'une telle évolution? L'annexion de l'Asie Antérieure au monde
d'Occident pour la culture, le commerce, l'exploitation industrielle, est déjà commencée. Sous l'influence de la civilisation occidentale, le pays se
transforme peu à peu et entre dans la sphère
d'attraction européenne. Du pourtour vers l'intérieur, le mouvement de reflux civilisateur vers
l'Orient déjà renouvelle l'aspect des cités littorales.
Il continuera vers l'Euphrate et le plateau de l'Iran.
L'Anatolie est déjà comme le parvis de l'Europe ;
par le croisement des chemins de fer futurs, elle
sera le marché central de l'Ancien Monde. Le jour
où le chemin de fer reliera le port le plus septentrional du golfe Persique au Bosphore ou encore
à Port-Saïd, l'importance du canal de Suez ne

pourra être que diminuée. C'est l'Asie Antérieure qui héritera de la fortune de l'Égypte. Le Tigre et l'Euphrate verront alors refleurir sur leurs rives la splendeur des civilisations disparues. Le chemin de fer du xxᵉ siècle refera la route des caravanes qui, jadis, mettait en communication les civilisations de l'Europe et les civilisations de l'Asie. Relié à l'Europe par une voie ferrée ininterrompue, le golfe Persique redeviendra la grande voie du trafic international, et le philosophe qui verra ces faits se produire sous ses yeux en conclura encore une fois que l'histoire est un perpétuel recommencement.

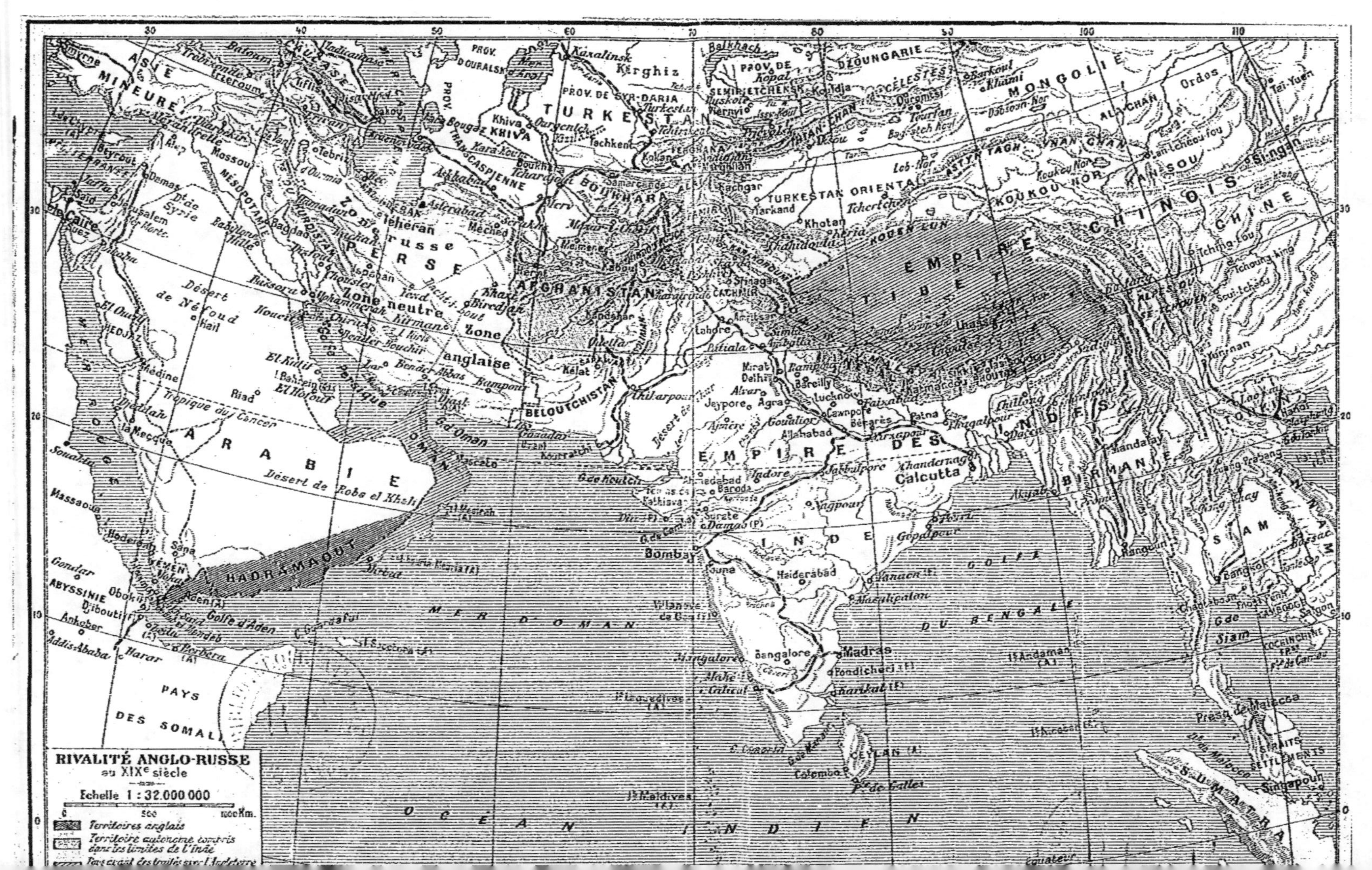
RIVALITÉ ANGLO-RUSSE
au XIXe siècle
Echelle 1 : 32.000.000
500 1000 Km.
Territoires anglais
Territoire autonome compris dans les limites de l'Inde
Pays créé des traités avec l'Angleterre
ASIE MINEURE
CAUCASE
MÉSOPOTAMIE
PERSE
Zone russe
Zone neutre
Zone anglaise
ARABIE
Désert de Néfoud
Désert de Roba el Khali
HEDJAZ
YEMEN
HADRAMAOUT
ABYSSINIE
PAYS DES SOMAL
Golfe d'Aden
Gondar
Addis-Ababa
Ankober
Djibouti
Obok
Harar
Massaoua
Hodeïdah
Sana
Aden
Berbera
Médine
La Mecque
Djeddah
Riad
Hail
Caire
Suez
Jérusalem
Damas
Babylone
Bagdad
Bassora
Mossoul
Erzeroum
Trébizonde
Tiflis
Téhéran
Ispahan
Méched
Asterabad
TURKESTAN
PROV. DE SYR-DARIA
PROV. D'OURALSK
Khiva KHIVA
Kara-Koum
Bonkhara
BOUKHARA
Merv
Samarcande
Kirghiz
Kaxalinsk
Mer d'Aral
Tachkent
Kokan
FERGANA
PAMIR
DZOUNGARIE
PROV. DE Kopal
SEMIPALATINSK
SEMIRETCHENSK
Koldja
CÉLESTES
TIAN-CHAN
ASTYN TAGH
NAN CHAN
KOUKOU NOR
MONGOLIE
ALA-CHAN
Ordos
KANSOU
CHINE
TURKESTAN ORIENTAL
Yarkand
Khotan
Kachgar
Tarim
Leb-Nor
HOUEN LUN
AFGHANISTAN
BELOUTCHISTAN
Hérat
Kaboul
Kandahar
Kélat
Gaoadar
Mascate
G. d'Oman
OMAN
EMPIRE TIBET
Lhassa
CACHMIR
NÉPAL
BHOUTAN
Simla
Lahore
Patiala
Amritsar
Delhi
Mirat
Agra
Jeypore
Ajmere
Goualior
Allahabad
Bénarès
Lucknow
Cawnpore
Patna
Bareilly
EMPIRE DES INDES
Calcutta
Chandernagor
Dacca
Akyab
BIRMANIE
ANNAM
SIAM
Bangkok
Saigon
COCHINCHINE
CAMBODGE
Pnom-Penh
Bombay
Poona
Haiderabad
Nagpour
Surate
Damão
Diu
Baroda
Ahmedabad
Kathiavar
Bangalore
Madras
Mahé
Calicut
Karikal
Pondichéri
Colombo
CEYLAN
Ile Maldives
Ile Laquedives
Andaman
Nicobar
MER D'OMAN
MER DU BENGALE
GOLFE DU BENGALE
OCÉAN INDIEN
Presq. de Malacca
STRAITS SETTLEMENTS
Singapour
SUMATRA
Tropique du Cancer
Équateur

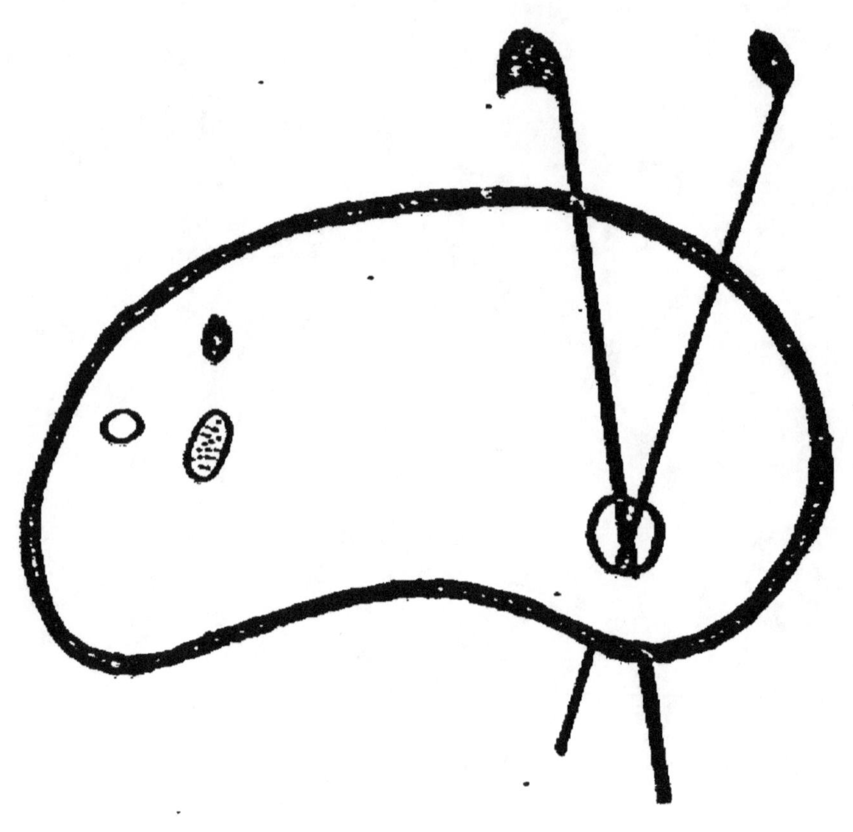

ORIGINAL EN COULEUR
NF Z 43-120-8